INTRODUCTION

La détention arbitraire est une violation du droit à la liberté. Elle désigne l'arrestation et la privation de liberté d'une personne dans le non-respect du droit national ou des standards internationaux. Les traités internationaux peuvent en effet être invoqués pour garantir le droit à la liberté si la législation nationale protège l'individu d'une manière incomplète ou partiale.

La détention peut être illégale sans être arbitraire et inversement. L'illégalité signifie simplement la non-conformité avec le droit, tandis que l'arbitraire fait référence au caractère inapproprié, injuste, imprévisible ou disproportionné de la détention.

La détention arbitraire expose la victime à davantage de violations des droits humains, puisqu'elle est privée de moyens de se défendre, torture et traitements cruels, inhumains ou dégradants, exécution extrajudiciaire, disparition forcée, etc.

Dans certains cas, la détention arbitraire peut être considéré comme un crime de guerre, un crime contre l'humanité ou un crime de génocide. En période de conflit ou de tensions, la détention arbitraire peut être l'outil d'une politique d'intimidation à grande échelle, souvent combinée avec d'autres crimes, répression des libertés individuelles, exécutions extrajudiciaires, disparitions forcées.

Les instruments internationaux ne répondent pas clairement à la question de savoir quand une détention est ou devient arbitraire. La Déclaration universelle des droits de l'homme se borne à énoncer dans son article 9: "Nul ne peut être arbitrairement arrêté, détenu ni exilé". Le Pacte international relatif aux droits civils et politiques, au paragraphe 1 de son article 9, n'est guère plus précis: "Tout individu a droit à la liberté et à la sécurité de sa personne. Nul ne peut faire l'objet d'une arrestation ou d'une détention arbitraires. Nul ne peut être privé de sa liberté, si ce n'est pour des motifs et conformément à la procédure prévus par la loi."

Peu après les attentats terroristes du 11 septembre 2001, le président des USA George W. Bush a annoncé une "guerre contre le terrorisme". Une décennie d'atteintes aux droits humains s'en est suivie, notamment dans la base militaire de Gutantánamo.

Le 11 septembre 2001, quatre avions sont détournés et s'écrasent sur différents sites, notamment sur le World Trade Center à New York, faisant près de 3 000 victimes. Le 14 septembre le Congrès adopte une résolution autorisant pour la première fois le président à recourir à la force contre «les nations, les organisations ou les personnes» qu'il considère comme liées de quelque manière que ce soit à ces attaques ou à tout acte futur de terrorisme international. Le 7 octobre les Etats-Unis prennent la tête d'une opération militaire contre le gouvernement des talibans et les membres d'Al Qaïda en Afghanistan. Le13 novembre le président Bush promulgue un décret militaire relatif à la détention, au traitement et au jugement de certains étrangers dans le cadre de la «guerre contre le terrorisme», qui autorise le Pentagone à maintenir des ressortissants non américains en détention sans inculpation pour une durée illimitée. Toute personne détenue en vertu de ce décret se voit privée du droit de former un recours dans le cadre d'une procédure devant un tribunal américain, étranger ou international. Si un détenu doit être jugé, il le sera devant une commission militaire – organe exécutif qui n'est pas un tribunal indépendant et impartial.

Le 28 décembre 2001 d'après une note du ministère de la Justice adressée au Pentagone, la base de Guantánamo Bay étant située en dehors du territoire souverain des Etats-Unis, les cours fédérales n'ont pas compétence pour examiner les requêtes en habeas corpus (procédure permettant la comparution immédiate d'un détenu devant une autorité judiciaire, afin de contester la légalité de la détention, et de permettre ainsi une éventuelle remise en liberté) introduites par les «étrangers ennemis» incarcérés à Guantánamo.

L'année suivante en 2002 le 11 janvier les premiers détenus sont transférés d'Afghanistan vers Guantánamo. Ils sont incarcérés dans des cages grillagées, dans une zone appelée camp X-Ray. Le 7 février le président Bush signe un mémorandum disposant qu'aucun taliban ni membre d'Al Qaïda capturé ne bénéfi ciera du statut de prisonnier de guerre et que l'article 3 commun aux quatre Conventions de Genève ne s'appliquera pas à ces détenus. Cet article établit les normes relatives à l'équité des procès et prohibe la torture, les traitements cruels et « les atteintes à la dignité des personnes, notamment les traitements humiliants et dégradants ». Le 5 avril le détenu Yaser Esam Hamdi est transféré de Guantánamo et placé en détention militaire sur le territoire américain, les autorités ayant découvert sa nationalité américaine. Le 28 avril les détenus sont transférés du camp X-Ray au camp Delta. Le 1er août dans une note adressée à Alberto Gonzales, alors conseiller de la Maison Blanche, le ministère de la Justice indique que le président peut autoriser la torture, que les responsables des interrogatoires peuvent infl iger une souffrance considérable sans qu'il s'agisse vraiment de torture et que toute une série d'actes peuvent constituer des traitements cruels, inhumains ou dégradants, sans constituer des actes de torture – et ne peuvent donc pas donner lieu à des poursuites au titre des lois américaines prohibant la torture pratiquée par des agents américains en dehors des Etats-Unis. Même en cas de torture, poursuit cette note, il est possible d'invoquer la théorie de la «nécessité» ou de la «légitime défense» pour éliminer toute responsabilité pénale. Le 2 décembre le secrétaire à la Défense Donald Rumsfeld approuve un certain nombre de techniques pour l'interrogatoire des détenus de Guantánamo, lorsque cela est jugé opportun. Citons le port d'une cagoule, le fait de déshabiller le détenu, la privation sensorielle, l'isolement, les positions pénibles et l'utilisation de chiens pour « induire un état de stress ». Il revient sur cette approbation globale six semaines plus tard et déclare qu'il n'autorisera ces techniques qu'au cas par cas.

En avril 2003 le secrétaire à la Défense Donald Rumsfeld autorise diverses techniques d'interrogatoire, notamment l'isolement, les «manipulations de l'environnement» (la modification de la température) et la «privation de sommeil». D'autres techniques doivent être approuvées au cas par cas. Le 3 juillet le Pentagone annonce que le président Bush a déclaré six détenus de Guantánamo passibles de jugement devant une commission militaire. Deux d'entre eux ont plus tard été libérés sans inculpation ni jugement et renvoyés au Royaume-Uni.

Mai 2004 quatre ans après les critiques du Comité contre la torture des Nations unies concernant les conditions «excessivement dures» dans les prisons de «sécurité maximale» aux Etats-Unis, le Camp V de Guantánamo est achevé, sur le modèle des prisons de très haute sécurité. Le 28 juin la Cour suprême des Etats- Unis conclut dans l'affaire Rasul c. Bush que les tribunaux américains sont compétents pour examiner les demandes en habeas corpus des personnes détenues à Guantánamo. Le 7 juillet le Pentagone annonce la mise en place des Tribunaux d'examen du statut de combattant (Combatant Status Review Tribunals – CSRT), composés de trois offi ciers autorisés à recourir à des informations classées secrètes ou obtenues sous la contrainte contre des détenus qui ne bénéfi cient d'aucune assistance juridique et sont soupçonnés d'être des «combattants ennemis», une définition vague, jusqu'à ce qu'ils prouvent le contraire. le mois de novembre de la même année un recours formé au nom du ressortissant yéménite Salim Ahmed Hamdan devant un tribunal fédéral entraîne la suspension de l'information judiciaire dans le cadre des commissions militaires.

Le 25 mai 2005 Amnesty International demande la fermeture de Guantánamo. Se joignent ensuite à cet appel des experts de l'ONU, les anciens présidents américains Jimmy Carter et Bill Clinton, des chefs d'État d'Europe et d'autres régions du monde, ainsi que d'autres organisations juridiques et de défense des droits humains. Le 30 décembre le président Bush promulgue la Loi de 2005 relative au traitement des détenus, qui prohibe tout traitement cruel, inhumain ou dégradant, mais restreint fortement le droit des détenus de Guantánamo de contester la légalité de leur détention ou les conditions de cette dernière.

10 juin 2006 trois détenus meurent à Guantánamo – ils se sont semble-t-il suicidés.

29 juin 2006 dans l'affaire Hamdan c. Rumsfeld, la Cour suprême des États- Unis statue que les commissions militaires établies en vertu du décret militaire de 2001 bafouent le droit américain et international. La Cour déclare également que l'article 3 commun aux quatre Conventions de Genève doit s'appliquer, annulant le mémorandum présidentiel de 2002.

6 septembre 2006 le président Bush annonce le transfert vers Guantánamo de 14 détenus incarcérés dans des prisons clandestines de la CIA les «sites noirs». 17 octobre le président Bush

promulgue le Military Commissions Act of 2006 Loi de 2006 sur les commissions militaires, qui prive les tribunaux américains de la possibilité d'examiner les requêtes en habeas corpus lorsque le plaignant est un étranger détenu sous contrôle américain en tant que «combattant ennemi» dans quelque pays que ce soit. Cette loi autorise le président à mettre sur pied de nouvelles commissions militaires afi n de juger ces détenus et restreint la portée de la Loi sur les crimes de guerre, car elle n'érige pas expressément en crimes les violations de l'article 3 commun aux quatre Conventions de Genève qui prohibe les procès iniques et «les atteintes à la dignité des personnes, notamment les traitements humiliants et dégradants». Le président Bush annonce que cette loi va permettre à la CIA de poursuivre son programme de détentions secrètes. courant Octobreet Novembre le gouvernement des Etats-Unis s'efforce de veiller à ce que toutes les requêtes en habeas corpus en instance introduites au nom de détenus de Guantánamo avant l'adoption de la Loi sur les commissions militaires soient rejetées par les tribunaux. Le gouvernement invoque la sécurité nationale pour faire valoir que les 14 détenus récemment transférés ne doivent rien révéler quoi qu'ils sachent sur le programme de la CIA, notamment sur les techniques d'interrogatoire et la localisation des prisons secrètes.

En Janvier 2007 environ 165 détenus sont transférés dans le nouveau camp 6. Ils y sont détenus à l'isolement au minimum 22 heures par jour, privés de la lumière du jour. Le 2 février David Hicks, Omar Khadr et Ahmed Hamdan doivent comparaître devant les commissions militaires. le 26 mars 2007 première procédure devant une commission militaire avec la mise en accusation du détenu australien David Hicks. Il faisait partie des 10 détenus inculpés dans le cadre du système précédent de commissions militaires rejeté par la Cour suprême des États-Unis l'année dernière. le 30 mars David Hicks est condamné à 7 ans de prison. Il est rapatrié en Autralie à la fin du mois de mai. Il est jusqu'à présent le seul prisonnier à avoir été jugé et condamné. après ça le 30 mai le ministère de la défense informe qu'un prisonnier de plus s'est suicidé. Les tentatives de suicide sont fréquentes et Ju-mah al-Dossari, du Bahrein, a fait 12 tentatives. Dans une lettre à son avocat, il écrit : «I can say, that life and death are equal, but death has become my greatest hope to end my misery, suffering and sad life».

le 5 juin 2007 les plaintes contre Omar Khadr et Ahmed Hamdan ne sont pas acceptées par les commissions militaires pour des raisons formelles. Le Pentagon gagne en appel le 24 septembre. Les procédures seront reprises à la fin de l'année. Omar Khadr et Ahmed Hamdan sont toujours détenus à l'isolement. Le 9 août le gouvernement britanique exige que les détenus qui sont des résidents de Grande-Bretagne soient rapatriés. Il remplit ainsi une des revendications d'Amnesty. le 7 décembre la Cour suprême des États-Unis a commencé à examiner la question de savoir si les détenus de Guantánamo devraient pouvoir se tourner vers les tribunaux pour contester la légalité de leur détention.

20 novembre 2008 un tribunal américain prononce la libération de cinq hommes arrêtés en 2002 en Bosnie-Herzégovine. C'est la première fois que des prisonniers sont libérés de Guantánamo suite à une décision judiciaire. Le 10 novembre l'Office fédéral suisse des Migrations refuse la demande d'asile de trois anciens détenus de Guantánamo en provenance de Libye, d'Algérie et de Chine. le 7 octobre un juge fédéral prononce la libération de 17 Ouïghours aux États-Unis. Le gouvernement s'oppose à cette décision. Malgré le fait que ces hommes ne sont plus considérés comme des « combattants ennemis », ils restent incarcérés à Guantánamo.

En Août malgré le jugement de la Cour suprême s'opposant aux commissions militaires, l'administration Bush continue de recourir à de tels procès. Le ressortissant yéménite Salim Hamdan, ancien chauffeur d'Osama bin Laden, est déclaré coupable de « soutien au terrorisme » et condamné à cinq ans et demi de prison. Amnesty International considère le déroulement du procès comme une parodie de justice. Juin 2008 le gouvernement américain déclare qu'environ 2500 mineurs ont été retenus par les États-Unis en Irak, en Afghanistan et à Guantánamo. Environ 90 d'entre eux auraient été retenus à Bagram et huit autres à Guantánamo. Ce chiffre sera plus tard corrigé à douze.

13 mai 2008 le gouvernement américain juge cinq détenus lors d'un procès commun devant une commission militaire : les Pakistanais Khalid Shaikh Mohammed, Ali Abdel Asis Ali et Saudi Mustafa Ahmed al Hausawi, ainsi que les Yéménites Ramsi Binalshibh et Walid bin Attasch sont accusés d'avoir participé aux attentats du 11 septembre 2001. Ils sont condamnés à la peine de mort.

5 février 2008 le directeur de la CIA confirme que cette dernière a fait subir la pratique du « waterboarding » à trois détenus dans des prisons secrètes, en 2002 et 2003.

Le 17 décembre 2009 les États-Unis prévoient de fermer Guantánamo d'ici l'été 2010.

16 décembre 2009 le Conseil fédéral suisse décide d'accueillir un détenu ouzbèque libéré par les États-Unis. Un jour avant Amnesty International déclare dans un communiqué de presse que le projet du gouvernement américain de transférer une centaine de détenus dans une prison de haute sécurité située à Thomson, dans l'État de l'Illinois, n'est pas suffisant. Amnesty International exige que les détenus bénéficient d'un procès ou qu'ils soient libérés. le 4

décembre de la même année le ministre américain de la Défense Robert Gates déclare que 116 des 211 prisonniers encore retenus à Guantánamo doivent être transférés à l'étranger. Aucun délai n'est fixé et il n'est pas clairement établi si les détenus bénéficieront d'un procès. Il est encore nécessaire de trouver un pays d'accueil pour bon nombre d'entre eux.

le13 novembre 2009 le ministre américain de la Justice Eric Holder annonce que cinq détenus de Guantánamo seront jugés par un tribunal civil de New York. Il déclare également que les procès devant des commissions militaires seront maintenus pour d'autres détenus. le 29 octobre le président Obama promulgue une loi autorisant les prisonniers de Guantánamo à entrer sur le territoire américain pour y être jugés. Il s'agit d'un compromis avec le Congrès. Ce dernier doit être informé 45 jours avant le transfert. Cette loi interdit par contre que les prisonniers soient libérés sur le territoire des États-Unis. avant ça en 12 juin les autorités américaines transfèrent deux détenus dans leur pays d'origine, l'Irak et le Tchad. Dans le courant de l'année, d'autres détenus seront transférés, notamment au Yémen et en Afghanistan. Le 9 juin 2009 Pour la première fois, un prisonnier de Guantánamo, le Tanzanien Ahmed Ghailani, est emmené aux États-Unis afin d'être jugé par un tribunal civil.

Le 9 avril 2009 le directeur de la CIA, Leon Panetta, confirme la fermeture de tous les camps secrets « black sites » que les services secrets américains avaient exploités dans différents pays.

le 23 février 2009 la Grande-Bretagne accueille un ancien détenu éthiopien. De février à novembre, la France, les Bermudes, le Portugal, la Belgique, Palau, l'Italie et la Hongrie accueillent un total de 18 anciens détenus en provenance d'Algérie, de Chine, de Syrie et de Tunisie. Ces hommes ne peuvent retourner chez eux pour des raisons de sécurité.

21 janvier 2009 dès son entrée en fonction, le président Obama ordonne que les procédures des commissions militaires soient suspendues et signe un décret relatif à la fermeture de Guantánamo d'ici janvier 2010. Il ordonne également que toutes les prisons secrètes de la CIA soient fermées.

Le 5 janvier 2010 la Maison Blanche annonce avoir décidé de suspendre le transfert de détenus yéménites de Guantánamo vers le Yémen, étant donné les risques liés à la sécurité dans ce pays. Le 22 janvier le délai d'un an fixé par le président Obama pour la fermeture du centre de détention de Guantánamo expire alors que 198 prisonniers, dont environ la moitié de nationalité yéménite, y sont toujours incarcérés. Le Groupe spécial chargé d'examiner la situation à Guantánamo publie son rapport final, révélant qu'il a notamment décidé que 48 détenus ne pourraient être ni poursuivis ni relâchés et que « leur maintien en détention aux termes de l'AUMF avait été approuvé à l'unanimité ». En Avril 2010 le Pentagone révèle les règles régissant la procédure appliquée par les commissions militaires. Le nouveau manuel confirme qu'à l'instar de son prédécesseur, le gouvernement américain se réserve le droit de maintenir des personnes en détention indéfiniment, même si elles sont acquittées par une commission militaire. courant Juillet le ressortissant soudanais Ibrahim al Qosi plaide coupable d'infractions liées au terrorisme et est condamné le mois suivant à 14 ans d'emprisonnement.

Octobre 2010 le ressortissant canadien Omar Khadr, âgé de 15 ans au moment de son interpellation par les militaires américains en Afghanistan, plaide coupable de cinq chefs de « crimes de guerre ». Il est condamné à 40 ans de réclusion par le « jury » d'une commission militaire mais il ne devrait toutefois passer que huit ans en prison du fait d'un accord négocié avec les autorités. Les gouvernements américain et canadien se sont prononcés en faveur de son transfert vers le Canada une fois qu'il aura purgé un an de prison sous la responsabilité des États-Unis. Après ça le 9 novembre le ministère de la Justice annonce que personne ne sera poursuivi pour « la destruction, par des agents de la CIA, d'enregistrements vidéos d'interrogatoires de détenus », sans fournir d'explication.

Le 6 janvier 2011 Saeed Farhi bin Mohammed est transféré de Guantánamo, où il était détenu depuis 2002, vers son pays d'origine, l'Algérie. En novembre 2009, un juge avait conclu que la détention de cet homme était illégale. Saeed Farhi bin Mohammed a déclaré à ses avocats qu'il ne voulait pas retourner en Algérie, de peur d'y être persécuté. Le 22 janvier premier anniversaire du délai non respecté pour la fermeture de Guantánamo, 174 personnes y sont encore détenues.

1 er février 2011 un détenu afghan meurt à Guantánamo, apparemment de cause naturelle.

le 18 février 2011 après avoir plaidé coupable devant une commission militaire, le ressortissant soudanais Noor Uthman Muhammed est condamné à 14 ans de réclusion pour des infractions liées au terrorisme. En échange du fait d'avoir plaidé coupable et promis de coopérer et de témoigner dans d'autres affaires, le responsable de la convocation des commissions militaires accepte d'interrompre toute période d'incarcération dépassant les 34 mois.

4 avril 2011 le ministre de la Justice Eric Holder annonce que les cinq détenus de Guantánamo accusés d'implication dans les attentats du 11 septembre seront jugés devant des commissions

militaires, contredisant ainsi l'annonce faite 18 mois plus tôt (ces personnes devaient être jugées devant une cour fédérale américaine). Le 20 avril Abd al Rahim al Nashiri est inculpé en vue d'un procès devant une commission militaire.

16 mai 2011 dans l'affaire Mohamed c. Jeppesen, la Cour suprême américaine rejette, sans aucun commentaire, le recours de cinq détenus affirmant avoir été victimes de disparition forcée, de torture et d'autres violences dans le cadre du programme de restitution de la CIA. Ce jugement ne remet donc pas en cause la décision non unanime de la cour d'appel considérant que la « protection des secrets d'État » invoquée par le gouvernement des États-Unis autorisait à classer l'affaire sans en examiner le bien-fondé.

18 mai 2011 un détenu afghan meurt à Guantánamo, il se serait suicidé.

31 mai 2011 les cinq détenus accusés d'implication dans le 11 septembre sont inculpés en vue d'un procès devant une commission militaire. Le gouvernement confirme vouloir la peine de mort dans cette affaire.

30 juin 2011 le ministre de la Justice annonce la fin de l'examen préliminaire réalisé par le substitut du procureur général John Durham sur les interrogatoires dans le cadre du programme de la CIA. Eric Holder accepte les recommandations de ce dernier, qui préconise « une enquête pénale minutieuse sur la mort en détention de deux personnes. » Il ajoute qu'au-delà, « une enquête pénale approfondie sur les autres sujets n'est pas garantie. »

28 septembre 2011 Abd al Rahim al Nashiri est inculpé d'infractions passibles de la peine de mort par la responsable de la convocation des commissions militaires, ce qui permet au gouvernement

d'engager des poursuites pouvant aboutir à une condamnation à mort.

9 novembre 2011 lecture de l'acte d'accusation relatif à Abd al Rahim al Nashiri, détenu à Guantánamo.

1 er décembre 2011, 171 hommes originaires de plus de 20 pays sont maintenus en détention à Guantánamo, la plupart sans inculpation ni jugement.

FiN.

Les tragédies qui ont eu lieu le 11 septembre marquent incontestablement le début d'un nouveau et important chapitre de l'interminable et dramatique histoire du terrorisme. Une histoire marquée par le recours à la violence indiscriminée, déclenchée pour créer un climat d'insécurité et de terreur dans le dessein de s'attaquer au système politique et social en place. Des actions spectaculaires et très meurtrières atteignent pour la première fois des cibles hautement symboliques au cœur même des États-Unis d'Amérique, l'État le plus puissant du monde. L'Europe, quant à elle, a déjà une longue et douloureuse expérience en matière de terrorisme, avec de nombreuses victimes et des actions de grande envergure notamment en Italie au cours de la période 1969 – 1987, le pays a compté plus de 14'500 actes de violence dus à une motivation politique, avec 419 morts et 1'181s blessés, en Allemagne, en Espagne, au Royaume-Uni, en France et, plus récemment, en Russie.

Si les États du vieux continent ont fait face à ces menaces en se fondant essentiellement sur les institutions et l'ordre juridique en place, les États-Unis semblent avoir fait un choix fondamentalement différent : estimant que ni les instruments classiques de la justice, ni ceux qui sont prévus par le droit de la guerre n'étaient à même de contrer efficacement les formes nouvelles du terrorisme international, ils ont décidé de recourir à de nouveaux concepts juridiques. Ces derniers se fondent, notamment, sur un décret militaire relatif à la détention, le traitement et le jugement de certains citoyens non américains dans la lutte contre le terrorisme signé par le Président Bush le 13 novembre 2001. Il est ainsi significatif de relever, qu'à ce jour, une seule personne a été appelée à répondre devant la justice pour les attentats du 11 septembre : une personne, qui, ce jour-là, était par ailleurs déjà en prison, à la disposition de la justice depuis plusieurs mois, il s'agit de Zacarias Moussaoui, un Français d'origine marocaine, condamné à la réclusion à perpétuité par un grand jury de Virginie le 3 mai 2006 ; les jurés n'ont pas suivi les réquisitions des procureurs fédéraux qui avaient demandé la peine de mort, et ont ainsi aussi déjoué le piège du prévenu qui, manifestement voulait être condamné à mort pour apparaître comme martyr. Selon un document de l'administration américaine déclassifié, il apparaît que six membres importants d'Al-Qaida, ayant directement participé à l'organisation et au financement des attaques du 11 septembre, ont été capturés par les États-Unis. Bien que plus impliqués que Moussaoui, ceux-ci ne sont pas appelés à répondre de leurs actes devant la justice américaine .

Des centaines d'autres personnes sont par contre toujours privées de liberté, sous autorité américaine mais en dehors du territoire national, dans un cadre normatif incertain, en tout cas irrémédiablement contraire aux principes envisagés par tous les instruments de droit international en matière de respect des droits fondamentaux, y compris par le droit interne des États-Unis, ce qui explique l'existence de ces centres de détention au-dehors du pays. La philosophie de l'administration en place semble avoir été bien résumée par ce titre du Los Angeles Times du 4 mai 2006 "no Trials for Key Players : Gouvernement prefers To interrogate bigger fish in terrorism cases rather than charge them".Cette conception juridique est totalement étrangère à la tradition et à la sensibilité européenne et est manifestement contraire à la Convention européenne des droits de l'homme ainsi qu'à la déclaration universelle des droits de l'homme. L'ancien adage de Cicéron, inter arma silents leges, semble avoir gangrené même des organismes internationaux, pourtant censés assurer la primauté du droit et l'équité de la justice.

Il est franchement inquiétant de devoir constater que leConseil de Sécurité de l'ONU sacrifie les principes essentiels en matière de droits fondamentaux au nom de la lutte contre le terrorisme. L'établissement de listes, dites noires, de personnes et de sociétés soupçonnées d'entretenir des rapports avec des organisations considérées terroristes, ainsi que l'application des sanctions qui en découlent violent manifestement tous les principes du droit fondamental à un procès équitable : aucune accusation précise, pas de droit d'être entendu, inexistence du droit de recours, aucune procédure prévue de radiation de la liste.À Guantanamo Bay, sur l'île de Cuba, quelques centaines de personnes sont détenues sans bénéficier d'aucune des garanties prévues par la procédure pénale d'un État fondé sur le principe de la primauté du droit ou par les Conventions de Genève en matière de droit de la guerre. Ces personnes ont été arrêtées en des circonstances inconnues, remises par des autorités étrangères en dehors de toute procédure d'extradition ou enlevées illégalement par des services spéciaux dans différents pays. Elles sont considérées comme des ennemis combattants, selon une nouvelle définition introduite par l'administration américaine.

Suite à une injonction d'un tribunal américain, qui s'est basé sur des dispositions du droit de la presse, le Pentagone a publié pour la première fois en avril 2006 la liste des noms, avec l'indication de la nationalité, de 558 personnes détenues à Guantanamo. Une deuxième liste a été publiée le 15 mai 2006 avec l'identité de 759 personnes. Le Pentagone a cependant refusé de préciser si cette liste était exhaustive et comportait les noms de tous les prisonniers ayant transité par Guantanamo. Ceci laisse la possibilité que des détenus n'ayant pas été encore identifiés aient été incarcérés à Guantanamo par d'autres agences gouvernementales. Aucune instance externe n'est à même de confirmer si cette liste est vraiment complète.

L'Assemblée parlementaire du Conseil de l'Europe (APCE) a vivement condamné cet état des choses , sans voix contraires et avec seulement cinq abstentions, le 26 avril 2005 elle a adopté une résolution (1433/2005) ainsi qu'une recommandation (1699/2005), dans lesquelles elle demande instamment au gouvernement des États-Unis de mettre fin à cette situation et de veiller aux principes de l'état de droit et des droits de l'homme. Elle constate, par ailleurs, que les États-Unis ont fait usage de la pratique illégale de la détention secrète. Dans sa réponse du 17 juin 2005, leComité de Ministres exprime son soutien total à toutes ces initiatives et à tous les efforts visant à ce que les personnes détenues à Guantanamo Bay soient libérées dans les plus brefs délais ou traduites devant un tribunal indépendant et impartial pour y être équitablement jugé. Il invite instamment leGouvernement des États-Unis à faire en sorte que les droits de tous les détenus soient garantis et que le principe de la prééminence du droit soit pleinement respecté. Il exprime pour sa part la détermination de tous les États membres à assurer pleinement le respect des droits des personnes libérées qui relèvent désormais de leur juridiction. Le Comité des Ministres a adressé un message en ces termes au gouvernement des États-Unis d'Amérique, aucune réponse n'est parvenue. Le Comité contre la torture de l'ONU s'est également prononcé pour la fermeture du centre de détention de Guantanamo, déplorant son caractère secret ainsi que le fait qu'il ne soit pas accessible au Comité international de la Croix-Rouge.

Des prisons secrètes de la CIA en Europe ? Telle est la nouvelle diffusée au début du mois de novembre 2005 par l'ONG américaine Human Rights Watch, par le Washington Post ainsi que par la chaîne ABC. Alors que leWashington Post ne mentionne pas expressément les pays qui abritent ou auraient abrité de tels centres de détention, se référant génériquement à l'Europe de l'Est, le rapport de HRW indique qu'il s'agit de la Pologne et de la Roumanie. Le 5 décembre 2005, ABC rapporte à son tour l'existence de centres de détention secrets en Pologne et en Roumanie, lesquels auraient été fermés suite aux révélations du Washington Post. Selon ABC, 11 suspects détenus dans ces centres auraient alors été transférés dans des infrastructures de la CIA en Afrique du Nord. Ces suspects auraient été soumis aux techniques d'interrogatoire les plus dures dites techniques renforcées d'interrogatoire. Il est intéressant de relever que cette dépêche d'ABC, confirmant l'utilisation de camps de détention secrets en Pologne et en Roumanie par la CIA, n'a été disponible sur Internet qu'un très court laps de temps, avant d'être retirée suite à l'intervention des avocats de la propriété. LeWashington Post admettra par la suite avoir disposé des mêmes informations, mais avoir renoncé à indiquer expressément la Pologne et la Roumanie suite à un accord passé avec le gouvernement.Il est ainsi établi qu'il y a eu d'importantes pressions pour qu'on ne cite pas expressément ces pays.On ne connaît pas quels ont été les arguments qui ont convaincu les organes d'information. Bornons-nous à constater qu'il s'agit indiscutablement de faits troublants qui mettent en discussion les principes de la liberté et de l'indépendance de la presse. Dans ce contexte, il n'est pas sans intérêt de mentionner que juste avant la publication des révélations de la journaliste Dana Priest au début du mois de novembre 2005, l'éditeur du Washington Post aurait été invité à une audience à la MaisonBlanche avec le le Président Bush.

La réaction a été immédiate. Le Président de L'Assemblée parlementaire du Conseil de l'Europe a tout de suite assumé une position très ferme et a invité la Commission des questions juridiques et des droits de l'homme à se saisir sans tarder de l'affaire. C'est ce qu'elle a fait dès sa séance du 7 novembre 2005. Le secrétaire Général duConseil a, quant à lui, mis en œuvre la procédure prévue à l'art. 52 de la Cour européenne des droits de l'homme . La Commission des questions juridiques et des droits de l'homme a, d'autre part, donné mandat à la Commission deVenise d'établir un avis sur les obligations et la responsabilité des États membres du Conseil de l'Europe concernant les lieux de détention secrets et le transport interétatique de prisonniers. Une collaboration s'est également établie avec le commissaire aux droits de l'homme du Conseil de l'Europe.

Les députés du Parlement Européen se sont également inquiétés face au nombre croissant d'indices indiquant que des pays, ou du moins des infrastructures, et le territoire européens, avaientété le théâtre de violations systématiques des droits de l'homme. Au début de 2006 a été ainsi instituée une Commission temporaire composée de 46 membres chargée d'enquêter sur les allégations au sujet de l'existence de prisons de la CIA en Europe où des personnes soupçonnées de terrorisme auraient été détenues et torturées.Le 24 avril 2006 la Commission temporaire a présenté un projet de rapport intérimaire qui confirme les indices d'actes illégaux commis par la CIA en Europe. Le rapporteur Claudio Fava, en présentant le rapport intérimaire, a fait état de plus de mille vols affrétés par la CIA qui ont transité par l'Europe, souvent pour y opérer des restitutions extraordinaires. Lors d'une conférence de presse, M. Fava, a précisé que, conformément à des informations qui lui avaient été confiées par un agent des services américains, 30 à 50 personnes auraient été enlevées par la CIA en Europe et que la CIA n'aurait pas pu procéder à ces enlèvements sans l'accord des États européens.

Antiaméricanisme, ce reproche, assez souvent adressé lorsqu'on exprime des critiques au sujet des violations des droits fondamentaux commises dans le cadre de la lutte contre le terrorisme, nous paraît franchement grotesque et nullement pertinent. C'est oublier que les premières dénonciations concernant aussi bien la création du centre de détention de Guantanamo Bay, que le recours à l'usage de la torture, ont été tout d'abord exprimées avec vigueur par des journalistes, des ONG et des hommes politiques américains, souvent grâce à des informations précises rendues publiques par des sources à l'intérieur de l'administration, voire des services de renseignements eux-mêmes.

La Cour Suprême des États-Unis a d'ailleurs elle-même rappelé, dans un jugement remarquable de juin 2004, que l'enjeu dans ce cas n'est rien de moins que celui de l'essence d'une société libre. Si cette nation reste attachée aux idéaux symbolisés par son drapeau, elle ne doit pas utiliser les armes des tyrans pour résister à un assaut des forces de la tyrannie. Un rappel fort qui exprime la grande tradition démocratique et l'engagement exemplaire des États-Unis d'Amérique en matière des droits de l'homme. Les États-Unis sont et restent un pays profondément démocratique.Les critiques adressées à certains choix de l'administration actuelle expriment en fait aussi le souci de voir un pays qui assume indiscutablement un rôle d'exemple et de modèle dans le monde commettre des erreurs qui portent atteinte non seulement à des principes fondamentaux mais qui constituent aussi une stratégie contreproductive dans la lutte contre le terrorisme.

Le système de localisation, d'arrestation et de détention des personnes suspectées d'actes terroristes, n'a pas été créé du jour au lendemain. Il n'a pas non plus surgi du néant au lendemain des attaques du 11 septembre 2001. Le principal architecte de ce système, les États-Unis, ont depuis longtemps les moyens de capturer des personnes-cibles à l'étranger et de les transférer en différents endroits de la planète. Au milieu des années 90, à travers son agence centrale de renseignements, la CIA, les États-Unis ont mis en place un programme de « restitutions » chargé de ces opérations. La CIA avait pour mission de nettoyer les rues des personnes soupçonnées de terrorisme à l'étranger, en les transférant dans d'autres pays, le plus souvent dans leur pays d'origine, où elles étaient recherchées pour être jugées ou tout simplement privées de leur liberté sans aucune forme de procès.

La cible stratégique du programme de restitution de la CIA a toujours été, et demeure, le réseau terroriste international connu sous le nom d'Al-Qaida. Selon les États-Unis, Al-Qaida est composé d'un ensemble nébuleux de cellules répandues à travers le monde, au sein desquelles des « opérateurs » participent à la mise en oeuvre des attaques terroristes. En 1995, le Conseil national de sécurité américain est alarmé par les intentions apparemment sérieuses qu'avait Ousama BenLaden de se doter d'armes de destruction massive. Il met alors en place le programme « restitutions », en collaboration avec M.Michael Scheuer, afin de faire tomber Al Qaïda, démanteler les cellules et emprisonner les dirigeants d'Al-Qaida. Il faut souligner que Michael Scheuer a conçu le programme de restitutions d'origine dans les années 90, sous la présidence Clinton, et est resté employé par la CIA jusqu'en novembre 2004, il était responsable de l'unité Ben Laden du centre antiterroriste de la CIA pendant quatre ans, entre août 1995 et juin 1999. De septembre 2001 à novembre 2004, il a occupé le poste de conseiller spécial du responsable de l'unité Ben Laden. Il est connu pour être une pointure en matière de restitution.

D'après Scheuer, l'obtention de renseignements n'était pas la priorité du programme d'avant le 11/9. Il cita lors d'un entretien avec un rapporteur qu'Il n'a jamais été question de parler à ces individus. D'après la CIA, l'opération était réussie quand on attrapait quelqu'un qui constituait un danger pour nous ou nos alliés, et qu'on saisissait tous ses documents. Nous savions qu'en cas d'arrestation l'individu était formé pour mentir ou donner de nombreuses informations sur lesquelles on enquêterait pendant des mois sans aucun résultat. Avant le 11/9, les interrogatoires n'avaient que peu d'intérêt.plusieurs États membres du Conseil de l'Europe ont coopéré de façon rapprochée avec les États-Unis dans le cadre des opérations de son programme de restitutions, sous la présidence Clinton24. En effet, le gouvernement du Royaume-Uni a indiqué au Conseil de l'Europe25 qu'un système de notification préalable existait dans les années 90 grâce auquel les États-Unis notifiaient les escales volontaires ou le survol de l'espace aérien avant une opération de restitution.

Le mécanisme de la restitution ne constitue pas nécessairement un manquement à la législation internationale des droits de l'homme. D'autres États ont également fait valoir leur droit à arrêter un individu suspecté d'actes terroristes sur un territoire étranger afin de le livrer à la justice, si les moyens de la coopération ou de l'assistance judiciaire internationales ne pouvaient pas aboutir au résultat souhaité. Les principaux pouvoirs juridiques américains, y compris la Cour suprême, ont considéré que le programme de restitution d'avant le 11 septembre respectait la loi. En outre, plusieurs ONG de lutte pour lesDroits de l'Homme ont classé la restitution telle qu'elle était pratiquée à cette époque sous la rubrique « restitution à la justice », reconnaissant qu'un transfert international peut être légal si son dessein est de conduire un suspect là où il fait l'objet de poursuites judiciaires reconnues et respectueuses des droits fondamentaux. Cet indicateur peut en effet servir de repère légal à partir duquel les transferts internationaux illégaux peuvent être identifiés. Toutefois, par la suite, il y a eu une dérive, un véritable détournement de l'institution conçue initialement, en s'éloignant ainsi irrémédiablement de la notion de justice.

Au lendemain des attentats du 11 septembre , les États-Unis ont fait de la restitution un de leurs instruments de lutte contre ce qu'ils ont nommé « la guerre contre le terrorisme ». Les attaques du 11 septembre signifient une véritable rupture dans l'approche des États-Unis vis-à-vis de la menace terroriste. Cette nouvelle « guerre contre le terrorisme» fut lancée par l'intervention militaire en

Afghanistan en octobre 2001. En même temps, une nouvelle importance fut donnée à la collecte de renseignements sur des personnes suspectées de terrorisme. La CIA fut mise sous pression pour qu'elle assume un rôle plus proactif dans la détention et les interrogatoires de personnes suspectes, plutôt que de simplement les « mettre derrière les barreaux ». Sans préparation appropriée, une politique globale d'arrestation et de détention des « ennemis » des États-Unis fut improvisée de manière hâtive. Aux juristes il incombait de « légitimer » les opérations, tandis que la CIA et les militaires américains devinrent les contrôleurs et opérateurs principaux du système.Les opérations de restitution se sont multipliées et ont changé d'orientation. Après le 11 septembre , l'objectif principal du programme de restitution a été de mettre les individus suspectés d'actes terroristes, une fois arrêtés, hors de portée de tout système judiciaire et de les y laisser. L'absence de garanties du respect des droits de l'homme et l'introduction de techniques d'interrogatoires renforcées ont conduit, dans plusieurs cas à l'usage de la torture.

Les raisons qui expliquent la transformation de la restitution sont à la fois politiques et opérationnelles. Tout d'abord, il est évident que le gouvernement des États-Unis s'est lancé dans la lutte contre le terrorisme de façon agressive et sous la pression de l'urgence. Le pouvoir exécutif a mis une pression politique énorme sur tous ses services, notamment sur la CIA, afin qu'ils intensifient leurs actions antiterroristes. D'après Michael Scheuer, après le 11/9, nous n'avions rien de prêt, l'armée n'avait pas de plan, ils n'avaient aucune réponse. L'Agence a alors senti que l'exécutif brûlait d'envie de présenter des victoires au peuple américain.Ensuite, et c'est essentiel, le changement opérationnel central a été le mandat accordé à laCIA d'administrer ses propres lieux de détention. Lorsqu'elle met en détention des individus suspectés de terrorisme, la CIA n'utilise plus la restitution pour les transporter vers les pays où ils sont recherchés. Désormais, les suspects, du moins ceux de haut rang, sont détenus secrètement par laCIA et gardés dans des « sites noirs », quelque part sur terre, dans un lieu caché. Ces individus ne sont confrontés à aucune forme de justice.Outre les « sites noirs » de la CIA, il existe également un réseau plus large de lieux de détention, gérés par d'autres branches du gouvernement américain. Certains ont été révélés au grand public parmi lesquels la base navale américaine de Guantanamo Bay, ou les prisons militaires de Bagram en Afghanistan et d'Abou Graïb en Irak. Bien que l'existence de ces lieux soit connue, de nombreux aspects de leur fonctionnement demeurent mystérieux.

Il convient également de souligner que les avions utilisés par la CIA pour les restitutions ne constituent pas le seul moyen pour transporter des détenus.Notamment pour les transferts vers Guantanamo Bay, les détenus sont fréquemment déplacés à bord d'aéronefs militaires tels que de grands avions cargo.La restitution est une pratique à la fois dégradante et déshumanisante, non seulement pour ses victimes mais également pour ceux qui doivent la mettre en œuvre. Il existe un véritable schéma rigoureusement préétabli de la restitution. les méthodes utilisées par la CIA sont mises en œuvre par un groupe d'agents d'élite, surentraînés et ultra disciplinés, et qui voyagent à travers le monde pour maîtriser les victimes l'une après l'autre - et les maltraiter – selon une technique à chaque fois absolument identique.Selon Michael Scheuer, lors d'une opération de restitution, la CIA fait prévaloir intentionnellement les questions de sécurité sur les droits des détenus, il déclara lors d'un entretien avec un rapporteur à Washington, DC, le 12 mai 2006 : Clairement, notre priorité dans ce genre de situation, c'est la protection de nos officiers.Ainsi, le détenu sera généralement maîtrisé et enchaîné. Probablement, au moins au moment de monter dans l'avion, et jusqu'au décollage de l'appareil, le détenu aura les yeux bandés.Je pense que ce sont ces mêmes autorités locales qui l'ont arrêté, qui vont également le menotter et lui bander les yeux. Ensuite, le détenu est placé dans l'avion, préparé et bien attaché à son siège, et puis il est surveillé par des gardes du pays vers lequel il est renvoyé.

Chaque individu, même si accusé, ou même reconnu coupable de participation à une entreprise terroriste ou à d'autres crimes graves a un droit intangible à ne pas être torturé ni soumis à une peine ou traitement inhumain et dégradant.Même si les agents de l'État ont le droit de recourir à la force dans le cadre de leurs fonctions, ce recours à la force doit, bien entendu, être encadré par des limites strictes à l'intérieur desquelles des mesures de maîtrise d'un suspect ou de coercition peuvent être prises au cours de son arrestation ou de son transport.Une source proche de la CIA décrit le contrôle de sécurité mis en œuvre dans une procédure de restitution comme une opération prête en vingt minutes, cette source explique que, dans un laps de temps très court, un détenu est effectivement immobilisé et rendu impotent. La CIA peut régler leur compte à trois de ces hommes en une heure. En vingt minutes, ils sont prêts à l'envoi.

ces contrôles de sécurité ont des caractéristiques communes, ils ont souvent lieu dans une petite pièce, un vestiaire, le commissariat de police, à l'intérieur de l'aéroport ou dans un endroit proche de celui-ci. Parfois l'homme concerné a déjà les yeux bandés quand l'opération commence, s'il ne l'est pas déjà, il le sera rapidement, et le restera jusqu'à la fin de l'opération.

quatre à six agents de la CIA exécutent l'opération avec une discipline stricte et logique, de nombreux témoignages affirment qu'ils sont habillés en noir, en civil ou en uniforme, portant des gants noirs, et le visage complètement caché. Des témoins évoquent pêle-mêle des hommes baraqués avec des cagoules noires, des hommes habillés en noir comme des ninjas, ou des hommes portant des vêtements de tous les jours mais avec une capuche sur la tête. les agents de la CIA ne pipent pas mot lorsqu'ils communiquent entre eux, soit qu'ils communiquent par signes, soit qu'ils connaissent leurs rôles respectifs à l'avance.

certains détenus précisent avoir été frappés ou bousculés violemment par les agents au début de l'opération de façon particulièrement brutale. D'autres disent avoir été empoignés avec force par plusieurs personnes à la fois. Ligoté des mains aux pieds, tous les vêtements de l'homme y compris les sous-vêtements sont découpés directement sur lui, à l'aide de couteaux ou de ciseaux, de manière méticuleuse et méthodique. Un témoin a expliqué comment quelqu'un récupérait ces vêtements, en examinant le moindre centimètre carré, vous savez, comme s'il y avait quelque chose dedans, avant de les mettre dans un sac. Il est ensuite soumis à une fouille approfondie, qui comprend notamment un examen poussé des cheveux, des yeux, des oreilles, de la bouche et des lèvres, après ça il est photographié avec un appareil photo avec flash, même lorsqu'il est moitié nu ou complètement nu. Parfois, on lui ôte le bandeau qu'il a afin de faire des photos de pied où l'on voit également son visage.

certains récits font état de l'introduction forcée de corps étrangers dans l'anus de l'homme. D'autres parlent plus spécifiquement de tranquillisants ou de suppositoires administrés par voie rectale. Chacune de ces pratiques est perçue comme un acte de violation de l'intégrité physique et un affront à la dignité humaine. Le calvaire continue, on oblige l'homme à porter des couches-culottes ou des couches pour incontinent ainsi qu'un survêtement ample ou bien un bleu de travail, ils lui mettent une couche et puis ils le menottent pieds et poings. L'homme est d'abord menotté mais ensuite, il faut bien l'habiller.

Ils sont donc obligés de lui mettre et de lui enlever les menottes plusieurs fois, il doit aussi porter un cache oreilles ou un casque pour qu'il ne puisse rien entendre, enfin, on couvre la tête de l'homme avec un sac en toile, sans trou à travers lesquels il pourrait respirer ou entrevoir la lumière. Ils lui bandent d'abord les yeux avant de lui mettre ce sac sur la tête qui, semble-t-il, recouvre une bonne partie de son corps.

Après cette préparation, on oblige l'homme à monter à bord d'un avion où il sera soit placé sur une civière, enchaîné,, soit attaché à un matelas ou à un siège. Il est parfois même allongé à même le sol de l'appareil, et ils l'installent dans une position telle que le moindre mouvement le fait souffrir.

Dans certains cas, l'homme est drogué et est complètement inconscient pendant le voyage, dans d'autres cas, des facteurs comme la douleur provoquée par les chaînes ou le refus de lui donner à boire ou d'aller aux toilettes rendent le transport insupportable. La plupart du temps, l'homme n'a aucune idée de l'endroit où il va arriver, ni de ce qui pourra bien lui arriver.

Sans doute l'aspect le plus troublant dans cette pratique systématique est qu'elle vise à humilier intentionnellement. De nombreux récits racontent comment ces mesures étaient prises malgré la forte résistance, tant physique que verbale, des détenus. La nudité, le fait d'être enchaîné comme un animal, et d'en être réduit à porter des couches, à l'évidence portent atteinte flagrante à leur dignité.

Les récits personnels des victimes de restitution et de détention secrètes évoquent une démoralisation sans nom. Bien entendu, le désespoir est d'autant plus fort lorsque l'abus persiste encore aujourd'hui, quand une personne est gardée au secret, sans connaître les motifs de sa détention et que personne, hormis ses ravisseurs, ne sait où ni dans quel état il est le détenu. En matière de restitution et de détentions secrètes, le pire pour les « disparus » et leurs proches, c'est de ne pas savoir.Pourtant, le supplice ne s'arrête pas après que le détenu a été localisé, ou même été libéré et soit rentré chez lui. Les victimes nous ont raconté leur souffrance née de flash-back, les crises d'angoisse ou bien encore l'incapacité qu'ils rencontrent à mener une vie sociale normale et, à chaque instant, la peur de la mort. Des familles ont été détruites. Sur le plan psychologique, des cicatrices indélébiles persistent ; au quotidien, les stigmates de la culpabilité et la suspicion qui pèsent sur eux semblent toujours poursuivre celui qu'on a pu désigner comme un « suspect » dans la « guerre contre le terrorisme ». En d'autres termes, il semble pratiquement impossible de recréer des relations normales avec le monde.Khaled El-Masri et Maher Arar, placés en détention secrète puis libérée. Ces deux hommes ont évoqué avec éloquence les raisons profondes qui les poussent à raconter leur histoire, et ce, malgré le traumatisme évident et la peine que cela provoque en eux. M. El-Masri a dit : tout ce que je veux, c'est connaître la vérité sur ce qui m'est arrivé et que le gouvernement américain s'excuse de ce qu'il m'a fait ; M. Arar a dit : la raison principale qui me pousse à parler de la torture qu'on m'a fait subir, c'est pour empêcher que le même traitement soit infligé à un autre être humain.

Khaled El-Masri, citoyen allemand d'origine libanaise, voyageait en autocar de son domicile près de Neu-ulm, en Allemagne, à Skopje, en Macédoine, dans les derniers jours de l'année 2003.Après avoir traversé sans incident plusieurs frontières, M. El-Masri est arrêté à la frontière serbo- macédonienne car son passeport aurait présenté des irrégularités. Il est interrogé par la police des frontières macédonienne, puis transféré dans un hôtel de Skopje. Après sa libération en mai 2004, M.El-Masri a pu identifier l'hôtel Skopski Merak grâce à des photos publiées sur le site web de cetétablissement. Il a reconnu également la chambre dans laquelle il a été détenu ainsi que le serveur qui lui apportait de la nourriture. Pendant trois semaines, M. El-Masri est interrogé sans relâche au sujet de liens présumés avec des extrémistes islamistes. Tout contact avec l'ambassade allemande, un avocat ou sa famille lui est refusé. Il sera autorisé à revenir en Allemagne, lui dit-on, s'il avoue être membre d'Al-Qaïda. Au treizième jour de sa détention, M. El-Masri entame une grève de la faim, qu'il poursuit jusqu'à son départ de Macédoine. Après vingt-trois jours de détention, M. El-Masri est filmé en vidéo et conduit vers un aéroport.

Dans un bâtiment de cet aéroport, M. El-Masri est battu, dénudé et jeté à terre. Un objet solide est introduit dans son anus. Lorsque le bandeau qu'il a sur les yeux est retiré, il voit sept ou huit hommes vêtus de noir et cagoulés. Il est habillé de force d'un survêtement et contraint de porter une couche-culotte. Les yeux bandés, enchaîné, il est transféré dans un avion, où il est attaché au sol et aux parois. Il reçoit des injections de soporifiques. L'avion décolle, fait escale à Bagdad avant d'atterrirà Kaboul en Afghanistan. Cet itinéraire a été confirmé par des enregistrements publics de vols. Au moment de son départ, un tampon de sortie est apposé sur son passeport, confirmant que M. El-Masri a bien quitté la Macédoine le 23 janvier 2004.À son arrivée à Kaboul, M. El-Masri est roué de coups et jeté dans une cellule très sale. Il y sera détenu pendant plus de quatre mois. Il est interrogé plusieurs fois en arabe au sujet de ses liens prétendus avec les conspirateurs du 11 septembre, notamment avec Mohammed Atta et Ramzi BinAl-Shibh et d'autres extrémistes présumés basés en Allemagne. Des agents du gouvernement américain participent à ces interrogatoires. Toutes les demandes de M. El-Masri de rencontrer un représentant du gouvernement allemand sont rejetées. En mars, M. El-Masri et plusieurs autres codétenus entament une grève de la faim. Il reste près de quatre semaines sans s'alimenter. Il est alors autorisé à rencontrer deux agents du gouvernement américain. L'un d'entre eux confirme que M. El-Masri est innocent. Il insiste cependant que seuls des responsables de Washington peuvent autoriser sa libération. Des informations rapportées ensuite par les médias confirment que des hauts responsables basés à Washington, notamment le directeur de la CIA, M. Tenet, avaient été informés bien avant la libération de M. El-Masri que les États-Unis détenaient une personne innocente. M. El-Masri poursuit sa grève de la faim.

Le soir du 10 avril, des hommes cagoulés le font sortir de la pièce où il se trouve et le nourrissent de force avec un tube introduit dans le nez. Approximativement à la même heure, M. El-Masri perçoit ce qu'il pense être un tremblement de terre de faible amplitude. Les enregistrements géologiques confirment qu'en février et en avril, deux tremblements de terre de faible intensité se sont produits dans la région de Kaboul.Le 16 mai, M. El-Masri reçoit la visite d'un Allemand en uniforme qui se présente sous le nom de « Sam ». Sam refuse de lui dire s'il a été envoyé par le gouvernement allemand ou si le gouvernement sait où il se trouve. Après sa libération, M. El-Masri reconnaîtra « Sam » sur une photo ainsi que lors d'une séance d'identification, comme étant Gerhard Lehmann, un agent des renseignements allemands. Le 28 mai 2004, M. El-Masri, accompagné par « Sam », prend un avion qui le conduit deKaboul vers un pays d'Europe qui n'est pas l'Allemagne. Les yeux bandés, il monte dans un camion qui roule pendant plusieurs heures dans une zone montagneuse. Des hommes lui restituent ses affaires et lui disent de descendre un sentier sans se retourner. Peu après, il rencontre des hommes armés qui lui disent qu'il se trouve en Albanie et le conduisent à l'aéroport Mère Teresa de Tirana.Ces hommes l'aident à franchir la douane et les contrôles de l'immigration et l'embarquent dans un avion à destination de Francfort.

À son retour en Allemagne, M. El-Masri contacte un avocat et lui raconte son histoire.L'avocat rapporte immédiatement les allégations de M. El-Masri au gouvernement allemand. Une enquête judiciaire est ouverte. Au cours de leur enquête, les magistrats allemands font analyser unéchantillon de cheveu de M. El-Masri. Les résultats de ces tests accréditent le récit de M. El-Masri concernant sa détention dans un pays d'Asie du Sud et sa privation prolongée de nourriture. Cette enquête est encore en cours. Parallèlement une enquête parlementaire s'est également saisie de l'affaire El-Masri. Le récit de M. El-Masri est corroboré par de nombreux éléments de fait dont certains ne peuvent pas encore être rendu publics car ils ont été déclarés secrets, Il s'agit d'informations contenues dans le rapport du gouvernement fédéral à la commission parlementaire de contrôle des services secrets (PKG). Les éléments qui sont déjà dans le domaine public sont nombreux, il y a les timbres apposés sur les passeports confirment l'entrée et la sortie de M. El-Masri de Macédoine, ainsi que sa sortie d'Albanie, aux dates en question, Les tests scientifiques des follicules pileux de M. El-Masri, effectués au cours d'une enquête pénale menée par des magistrats allemands, accréditent le récit de M. El-Masri concernant sa détention dans un pays d'Asie du Sud et sa privation prolongée de nourriture, D'autres preuves physiques, notamment le passeport de M. El-Masri, les deux tee-shirts que lui ont donnés ses ravisseurs américains en quittant l'Afghanistan, son ticket d'embarquement de Tirana àFrancfort, et un certain nombre de clés que M. El-Masri a eu en sa possession pendant sonépreuve, ont toutes été remises aux magistrats allemands, il faut citer aussi les registres de bord confirment qu'un Boeing civil possédé et affrété par la CIA, puis immatriculeN313P par la FAA, a décollé de Palma de Majorque (Espagne) le 23 janvier 2004 et a atterri à l'aéroport de Skopje à 20 h 51 le même jour. Cet avion a quitté Skopje trois heures plus tard à destination de Bagdad puis de Kaboul, la capitale afghane, il y a aussi des témoignages d'autres passagers présents à bord de l'autocar effectuant le trajet d'Allemagne à la Macédoine confirme le récit de M. El-Masri de son arrestation à la frontière macédoine , M. El-Masri a formellement identifié l'hôtel de Skopje, la chambre ou il était retenu et un membre du personnel qui lui servait de la nourriture.

l'ex-République yougoslave de Macédoine avait un rôle dans la restitution de Khaled El-Masri, mais sa participation n'a pas encore été entièrement mis en lumière, en effet, les responsables du gouvernement de Macédoine ont adopté une « ligne officielle » de totale dénégation, répétée d'une façon rigide et stéréotypée à tous les échelons hiérarchiques, une délégation du parlement européen a organisé et géré un programme de réunions avec des représentants de haut niveau du gouvernement et du Parlement macédoniens entre le 27 et le 29 avril 2006 au sujet de l'affaire Khaled El-Masri, la « ligne officielle » du gouvernement macédonien a été formulée pour la première fois dans une lettre du ministre de l'Intérieur; Ljubomir Mihajlovski, adressée à l'ambassadeur de la Commission européenne, Erwan Fouere, datée du 27 décembre 2005. Elle contient essentiellement quatreéléments d'information qui se fondent sur les fichiers de police : premièrement, M. El-Masri est arrivé en autocar au poste-frontière macédonien de Tabanovce à 16 heures le 31 décembre 2003, deuxièmement, il a été interrogé par des fonctionnaires de police habilités qui soupçonnaient la possession d'un document d'identité falsifié ; troisièmement, environ cinq heures plus tard, M. El-Masri a été autorisé à entrer en Macédoine, apparemment libre ; et, quatrièmement, le 23 janvier 2004, il a quitté la Macédoine par le poste-frontière de Blace pour entrer au Kosovo.M. Mihajlovski a repris exactement la position officielle citant les preuves officielles du ministre de l'Intérieur, il a expliqué que les allégations de M. El-Masri étaient hypothétiques et sans fondement en répondant à une question posée par M. Slobodan Casule, un parlementaire macédonien membre en vue de l'opposition qui a demandé que le gouvernement apporte des éclaircissements sur l'affaire El-Masri.Le Président de la République, Branko Crvenkovski, a adopté une position très ferme dès la première rencontre avec la délégation du parlement européen, s'exprimant d'une façon telle à ne laisser à personne la possibilité d'exprimer un autre point de vue : A ce jour, je tiens à vous assurer que je n'ai aucune raison de mettre en doute la position officielle de notre ministre de l'Intérieur. Je ne dispose d'aucun élément ou de fait supplémentaires, d'un côté comme de l'autre, qui puissent me convaincre que ce qui a été établi dans le rapport officiel de notre ministre ne correspond pas à la vérité.Le vendredi 28 avril 2006, la position officielle a été présentée de manière beaucoup plus détaillée lors d'une réunion avec Siljan Avramovski, qui était le chef de l'UBK, principal service de renseignements de la Macédoine à l'époque des faits. Avramovski a déclaré que le département du contrôle et des normes professionnelles de l'UBK avait mené une enquête sur cette affaire et analysé tous les enregistrements officiels des contacts entre M. El-Masri et les autorités macédoniennes.M. Avramovski déclare que M. El-Masri est arrivé à la frontière macédonienne le 31 décembre 2003, la veille du Nouvel An.

Le ministre de l'intérieur avait renforcé les mesures de sécurité pour la période des fêtes et avait placé les forces de l'ordre en alerte maximale pour prévenir d'éventuelles actions criminelles. Conformément à ces mesures exceptionnelles, les passagers des autobus et des autocars étaient soumis à des contrôles de sécurité très stricts, y compris l'examen systématique de leurs pièces d'identité, il poursuit en examinant le passeport de M. El-Masri, la police des frontières macédonienne a eu des soupçons qui l'ont conduite à le placer en détention. Afin de ne pas faire attendre les autres passagers à la frontière, l'autocar a été autorisé à poursuivre sa route, L'objectif de la détention de M. El-Masri était de l'interroger, ce qui a été fait conformément à toutes les normes européennes applicables. Les membres de l'UBK, le service de contre-espionnage et de sécurité, sont présents à tous les postes frontière de Macédoine dans le cadre d'un plan de gestion et de sécurité intégrées des frontières. Des agents de l'UBK ont participé aux interrogatoires de M. El-Masri. Ces agents ont demandé à M. El-Masri les motifs de son voyage en Macédoine, où il avait l'intention de séjourner, et s'il disposait d'une somme d'argent suffisante. M. Avramovski a déclaré: Je pense qu'il s'agissait de questions standard qui sont posées dans le cadre d'une telle procédure de routine. Je ne pense pas avoir besoin de donner d'explications supplémentaires. Au même moment, les responsables macédoniens ont procédé à un examen visuel des titres de voyage de M. El-Masri.

Ils voulaient notamment vérifier que son passeport n'était pas falsifié. En effet, M. El-Masri, bien que né au Koweït, affirmait posséder la nationalité allemande. Son passeport a donc été ensuite comparé à une base de données d'Interpol. Le poste- frontière de Tabanovce n'étant pas lié au réseau d'Interpol, les informations ont dû être transmises à Skopje, d'où une demande électronique a été adressée à une base de données centrales d'Interpol se trouvant à Lyon. Un agent du département d'analyse de l'UBK a apparemment effectué cette demande en utilisant un code électronique, de sorte que les autorités macédoniennes n'en n'ont aucune trace. M. El-Masri a été prié d'attendre au poste-frontière pendant la recherche menée par Interpol. Lorsqu'il a été établi qu'il n'existait aucun mandat d'Interpol contre M. El-Masri et qu'il ne subsistait plus aucun motif de le détenir99, il a été relâché. M. El-Masri a ensuite quitté le poste-frontière de Tabanovce. Par quel moyen ? Les agents macédoniens ne sont pas en mesure de le dire précisément. Lors d'une réunion qui a suivi le point de presse, cette question a été posée directement au ministre de l'Intérieur, M. Mihajlovski, qui a répondu : Nous ne sommes pas en mesure de vous dire exactement ce qu'il est devenu lorsqu'il a été relâché, parce que nous ne sommes pas concernés. Lorsqu'une personne traverse la frontière, nous ne sommes pas censés savoir où il se rend par la suite100. Selon Avramovski, le ministre de l'Intérieur a établi par la suite que M. El-Masri avait séjournéà l'hôtel « Skopski Merak » de Skopje. M. El-Masri serait arrivé à l'hôtel le soir du 31 décembre 2003 selon le registre de l'établissement. Il y a séjourné vingt-trois nuits, a pris quotidiennement son petit déjeuner, et a quitté l'hôtel le 23 janvier 2004.

Le ministre a demandé que soient vérifiés tous les passages de frontière de M. El-Masri. Il en ressort que le même jour, soit le 23 janvier 2004 au soir, M. El-Masri a quitté le territoire macédonien au poste-frontière de Blace, pour entrer au Kosovo. À la question de savoir si un timbre avait été remis à M. El-Masri pour indiquer son départ, Avramovski a répondu :Normalement, un timbre doit être apposé sur le passeport lors du passage de la frontière macédonienne, mais je n'en suis pas sûr. La MINUK la Mission d'administration intérimaire des Nations unies au Kosovo est également présente à la frontière duKosovo et elle est responsable du protocole de ce côté-là de la frontière... Mon collègue de l'UBK vient de m'informer qu'il avait traversé la frontière à Blace deux fois récemment et qu'aucun timbre ne lui avait été remis lors de ces deux passages.Avramovski a conclu son exposé synthétique des faits par les mots suivants : Voici la vérité d'une affaire exploitée par les médias, la soi-disant affaire El-Masri.

Dans une réunion qui s'est tenue immédiatement après le point de presse de M. Avramovski, le ministre Mihajlovski a maintenu cette position et ajouté très peu d'informations complémentaires.Les deux représentants officiels se sont efforcés d'évoquer cette affaire comme si elle n'était qu'une question de routine dont ils n'auraient pris connaissance qu'en consultant la presse locale et internationale. Ils n'ont eu de cesse de déplorer les « pressions » exercées par les médias sur laMacédoine et le « préjudice » qui en découle. Mihajlovski a même fait allusion à une conspiration ayant pour but de discréditer le pays : Qui se cache derrière tout ça ? Cette affaire fait beaucoup de mal à notre pays. Que ceux qui connaissent les raisons de ce qui se passe n'hésitent pas à nous informer, nous sommes prêts à les entendre.En fait, il apparaît assez clairement que l'opinion publique macédonienne réagit avec dépit au sujet de l'affaire El-Masri. La plupart des Macédoniens sont mécontents de la mauvaise publicité faiteà leur pays et regrettent que ce dernier soit associé à ce qui est souvent décrit comme une opération de manipulation. Beaucoup considèrent que l'intérêt des médias internationaux n'est qu'une tentativeà peine voilée de réduire les perspectives d'adhésion de la Macédoine à l'Union européenne. En réalité, il apparaît que c'est justement l'attitude du gouvernement macédonien même qui est responsable de cette situation. Plus de clarté, plus de disponibilité à vraiment rechercher la vérité, plutôt que de se renfermer dans un schéma préétabli et dogmatique auraient certainement évité bien des critiques et des soupçons.

Certes, la version donnée par le gouvernement apparaît à première vue tout à fait plausible, par contre elle n'est pas crédible lorsqu'elle prétend que M. El-Masri a été autoriséà quitter librement le poste-frontière de Tabanovce le soir du 31 décembre 2003. À cette date correspond plutôt le début de ses cinq mois de détention décrétés par la CIA. Ce qui n'est pas dit dans la version officielle c'est le fait que les services de renseignements macédoniens (UBK) consultent systématiquement la CIA sur toutes les questions de ce genre (ce qui, d'une certaine façon, est bien compréhensible et logique). Selon des informations confidentielles qui ont été révélées par des sources internes, une description complète deM. El-Masri a été transmise à la CIA par l'intermédiaire de son chef de bureau basé à Skopje, dans le but de procéder à une analyse analogue à celle qui, à en croire M. Avramovski, a été effectuée parInterpol : est-ce que la personne contrôlée avait des contacts avec des mouvements terroristes, notamment de la mouvance Al-Qaida. Sur la base des renseignements qu'elle possédait sur KhaledEl-Masri, la CIA a répondu par l'affirmative. Il a été demandéà l'UBK, en tant qu'organisation partenaire locale, d'arrêter et de maintenir en détention M. El-Masri jusqu'à ce qu'il soit remis à la CIA pour être transféré. L'UBK est un service qui jouit d'une excellente réputation pour sa professionnalité. Il est à même de maîtriser parfaitement les opérations de détention secrètes et de surveillance, ayant exploité son propre réseau d'appartements secrets pendant des décennies, la Commission d'Helsinki pour des droits de l'homme de la République de Macédoine a fait des recherches sur les détentions secrètes et a produit une multitude de rapports de valeur,

Dans de nombreux cas les détenus sont retenus prisonniers dans des appartements secrets pour les faire « sortir du système » pour une durée indéterminée, afin que l'UBK les interrogent et leur soutire des aveux.Qui plus est, dans la célèbre affaire «Rastanski Lozia » de mars 2002, on a pu dire que la police Macédonienne avait tué sept membres d'un groupe terroriste, dans ce semble être un acte d'exécution sommaire. LaCommission d'Helsinki a écrit dans son rapport annuel de 2002 : la grande majorité des violations des droits fondamentaux a été le fait des officiers des forces spéciales du ministère de l'intérieur.Le choix de l'hôtel Skopski Merak comme lieu de détention mérite encore une réflexion. Les autorités macédoniennes ont démenti catégoriquement que l'hôtel a pu servir de lieu de détention, considérant une telle éventualité simplement ridicule. M. Avramovski a déclaré qu'il écartait absolument l'éventualité que M. El-Masri a pu y être détenu : écoutez, je serai sur ce point aussi précis que déterminé. Le 31 décembre est la veille duNouvel An, c'est-à-dire une période de fête. Il y a donc toujours beaucoup de gens dans les hôtels, notamment des touristes, qui viennent fêter le Nouvel An. Il n'est donc pas possible, même en théorie [il s'esclaffe], qu'une personne puisse être détenue dans un hôtel tant fréquenté, où des flux constants de personnes vont et viennent. Les gens étaient nombreux à ce moment-là, notamment les ressortissants étrangers, et c'est un hôtel connu, fréquenté qui a une très bonne réputation dans la ville.

En fait, un lieu fréquenté, avec les caractéristiques de cet hôtel, peut très bien se prêter à une opération clandestine, d'autant plus que l'on a utilisé une chambre située au dernier étage et ne donnant pas sur la rue Si l'opération a été inspirée et dirigée par la CIA, celle-ci a maintenu une attitude assez discrète en Macédoine au cours de cette opération. Elle a ainsi transmis à l'UBK les questions à poser au suspect, sans jamais prendre part directement aux interrogatoires. Plusieurs sources ont indiqué, ayant des niveaux d'information différents, que les services de renseignements allemands ont été informés de l'arrestation dans les jours qui ont suivi celle-ci, mais sans connaître les détails opérationnels. Des renseignements provenant d'Allemagne ont été ajoutés au dossier et ont servi aux interrogatoires conduits en Macédoine et en Afghanistan par des personnes apparemment de différentes nationalités.La période pendant laquelle M. El-Masri a été détenu en Macédoine avant d'être remis aux services américains a été anormalement longue pour une opération de restitution conduite par la CIA.Les organisations partenaires et les agents de la CIA s'efforcent en général de ne pas laisser durer trop longtemps la phase de cette période entre l'arrestation initiale et la remise en détention dans un centre de la CIA. Ce retard semble avoir été déterminé par des raisons logistiques, notamment en relation avec la disponibilité d'un avion. Un vol empruntant un itinéraire inhabituel, de Skopje au Moyen-Orient, a dû, en effet, être incorporé dans un planning de vols existant pour le mois en question, qui a finalement inclus d'autres transferts de détenus.Selon d'autres témoignages auprès de personnes travaillant dans le secteur de l'aviation civile, l'avion qui a vraisemblablement embarqué El-Masri en Macédoine n'a pas suivi la procédure ordinaire.

Les modalités d'enregistrement de l'avion auprès du personnel au sol et l'acquittement de ses redevances de route ont été effectués de façon irrégulière. En effet, comme même le ministre de l'intérieur l'a confirmé, aucun passager n'a quitté l'avion pour entrer dans le terminal et pénétrer officiellement dans le territoire macédonien. Au contraire, l'avion s'est positionné à l'extrémité de la piste d'atterrissage, à plus d'un kilomètre du terminal. Un détachement de policiers armés macédoniens était posté près de l'avion, avec la consigne stricte de lui tourner le dos. À la question de savoir si cette mesure était normale pour un aéronef étranger, le ministre de l'Intérieur Mihajlovski a répondu : Non, non, pas du tout. L'avion n'est pas un territoire macédonien. Si l'Espagne nous envoie un avion, celui-ci est un territoire espagnol. S'il y a une bombe à bord, nous devons pénétrer dans l'avion, sinon, c'est comme sur un bateau, un territoire diplomatique.De nombreux éléments indiquent que les autorités macédoniennes ont décidé de nier catégoriquement toute participation dans l'enlèvement de M. El-Masri, n'admettant que ce qui est déjà clairement prouvé, et ont tenté de dissimuler le reste. Il est regrettable que l'on n'ait pas voulu procéder à une véritable enquête et que le parlement ne se soit pas saisi de l'affaire (comme cela aété le cas en Allemagne au sujet de cette même affaire.

À cela il faut ajouter les dénonciations précises du Comité Helsinki macédonien. Selon des rapports établis par cette ONG, des suspects ontété, et le seraient aujourd'hui encore, interrogés et parfois tenus emprisonnés et maltraités pendant plusieurs jours, à l'extérieur du système normal de la garde à vue et de la détention provisoire, justement dans ces appartements déjà largement utilisés par le régime précédent. les faits concernant cette affaire plaide en faveur de la crédibilité d'El-Masri. Tout indique qu'il a été victime d'un enlèvement et de mauvais traitements qui correspondent à la définition de torture, au sens de la jurisprudence duComité contre la torture des Nations unies. De nombreux éléments permettent en outre de conclure qu'il y a eu une participation des services allemands dans une mesure qu'il reste encore à établir avec précision, sans par ailleurs exclure que ces mêmes services soient finalement à l'origine de la libération d'El-Masri, dans un rebondissement de l'affaire, le BND Le Service fédéral de renseignement allemand a dû admettre que l'un de ses agents a bien entendu parler, dans une cantine de fonctionnaires à Skopje, de la détention de M. El-Masri par les services macédoniens et sa remise aux américains dès janvier 2004.

Le ministre allemand de l'Intérieur s'est efforcé de minimiser l'importance de cette révélation en la qualifiant de simple panne de communication, les échelons supérieurs du BND n'ayant pas été informés. Il faut noter que la véracité du contenu de cette conversation n'a pas été mise en question. Les informations détaillées avec lesquelles M. El-Masri a été confronté lors de ses interrogatoires à Skopje et en Afghanistan, présupposent une connaissance approfondie de sa vie privée à Neu-Ulm. Il est difficilement imaginable que de telles informations auraient pu être obtenues par des services étrangers sans l'aide de leurs collègues allemands. Par exemple, les agents qui l'ont questionné en Afghanistan savaient qu'El-Masri avait rencontré au Multikulturhaus à Neu-Ulm un certain Reda Seyam, et qu'il avait accepté de faire enregistrer une voiture que M. Seyam venait d'acheter avec son aide au nom de l'épouse d'El-Masri, pour économiser des frais d'assurance;C'est dans ce centre culturel islamique fréquenté par M. El-Masri que celui-ci a fait la connaissance de M. Seyam, les deux hommes, tous les deux à la recherche de logements pour leurs deux familles nombreuses, et ont fini par sympathiser. M. Seyam, un Allemand d'origine indonésienne, serait rentré d'un séjour dans ce pays de manière rocambolesque.

Il aurait été arrêté par les autorités indonésiennes qui l'ont suspecté d'avoir été impliqué dans l'attentat de Bali. Faute de preuves, il aurait été libéré, et raccompagné enAllemagne par des agents allemands, qui auraient été envoyés pour éviter que M. Seyam soit « rendu » aux Américains, qui apparemment attendaient déjà. M. Seyam se serait rendu à Neu-Ulm à l'instigation de ses « sauveteurs » allemands qui lui recommandaient le Multikulturhaus comme point de chute. Celui-ci était sous observation aussi bien des services du Bade-Wurtemberg qui y avaient planté un informateur, le Dr Yousif, prédicateur islamique au centre, et vieille connaissance de M. Seyam et de ceux de la Bavière voisine, qui ne sachant pas que Yousif travaillait pour le Bade-Wurtemberg tenaient celui-ci pour un prédicateur de la haine.En outre, les mêmes agents l'ont confronté avec des données bancaires concernant des transferts de fonds entre sa banque à Neu-Ulm et un compte en Norvège, il s'agit de transferts de fonds concernant des clients norvégiens liés à son activité de vendeur de voitures., données difficilement accessibles à des services étrangers.Ces connaissances détaillées de la vie réelle d'El-Masri permettent d'exclure aussi la thèse de la confusion de personne, qui aurait été provoquée par une homonymie, ou du moins une forte ressemblance, avec le nom d'une personne qui figure dans le rapport sur les attentats du 9 septembre du Congrès américain et qui aurait voyagé par train en Allemagne, avec des membres de la « cellule de Hambourg » des terroristes du 11 septembre, parmi lesquels il y aurait eu également l'un des pilotes d'un des avions impliqués dans les attentats, Mohammed Atta.

Cette thèse semble être celle du gouvernement allemand, dans le contexte de l'entretien entre la chancelière fédérale Angela Merkel et la secrétaire d'État américaine Condoleezza Rice, Mme Merkel a confirmé qu'elle a parlé avec Mme Rice du cas d'El-Masri et indiqué que le gouvernement américain, l'administration américaine, a admis que cet homme a été pris par erreur et qu'en principe, l'Administration américaine ne nie pas que ceci a eu lieu.Pour ce qui est de l'identité de « Sam », un agent parlant l'allemand avec un accent du nord du pays, venu interroger El-Masri en Afghanistan et qui l'a raccompagné sur le vol de retour enEurope, M. El-Masri reste convaincu qu'il s'agit de M. Lehmann, un agent du Bundeskriminalamt allemand. Il l'a identifié sur des photos et un enregistrement vidéo. À la surprise d'El-Masri et son avocat, M. Gnjidic, le bureau du procureur a annoncé à la presse que l'identification de « Sam » avait échouée. Par la suite, le magazine « Stern » a identifié un agent de la CIA d'origine allemande, Thomas V., parlant la langue avec l'accent 'nord allemande ce même accent qu'El-Masri avait détecté en « Sam ». Ce Thomas V., qui pourrait donc être « Sam », aurait été en poste en 2000 auConsulat général des États-Unis à Hambourg, le procureur munichois chargé de l'affaire, M. Hofmann, exclut que « Sam » soit identique avec l'agent fédéral Lehmann, pour lequel il serait établi qu'il a été présent au bureau du Bundeskriminalamt à Berlin pendant tout le mois de mai 2004. Mais M. El-Masri et son avocat allemand, Gnjidic, restent convaincus que « Sam » est bien Lehmann, et que la piste de Thomas V. a simplement le but de blanchir les services allemands.

El-Masri a aussi été victime d'une campagne dénigratoire. Le service de la presse duMinistère de l'Intérieur du Bade-Wurtemberg aurait indiqué qu'El-Masri est membre d'AlTawid». Sous-entendu : « al Tawid al Jihad », un groupe appartenant à Al Qaïda, dirigé par Zarkawi.Selon M. Gnjidic, il s'agirait d'une confusion volontaire : El-Masri a appartenu à un parti libanais anti- syrien militant de tendance gauche nationaliste avec aussi des éléments islamiques dénommé « AlTawid » fondé en 1982 et dissous en 1985 après l'invasion syrienne. Tandis que certains militants ontété capturés par les Syriens, El-Masri s'est enfui et a demandé et obtenu l'asile politique en Allemagne précisément pour cette raison. Ce groupe n'aurait strictement rien en commun sauf une partie du nom, qui signifie « Dieu tout-puissant » avec le groupe terroriste dirigé par Zarkaoui. El-Masri a de nouveau été confronté à cet amalgame lors de son audition devant la Commission temporaire duParlement Européen, ou un parlementaire lui a demandé de quel autre groupe terroriste il fait partie.L'histoire d'El-Masri est la dramatique histoire d'une personne de touteévidence innocente – ou du moins contre laquelle on n'a jamais pu formuler la moindre accusation – qui a vécu un véritable cauchemar dans la « toile d'araignée » de la CIA, à cause d'une supposée amitié avec une personne soupçonnée à un moment donné d'entretenir des contacts avec des mouvements terroristes. El-Masri attend toujours que soit établie la vérité, ainsi que des excuses. Sa plainte aux États-Unis a été rejetée, du moins en première instance : non pas parce qu'elle est apparue sans fondement, mais parce que le gouvernement a fait valoir des soi-disant intérêts de la sécurité nationale. Ce qui est suffisamment éloquent.

Six Bosniaques d'origine algérienne quatre citoyens bosniaques et deux résidents de longue date il s'agit de Mustafa Ait Idir, Hadz Boudella, Lakhdar Boumediene, Saber Lahmar et Mohammed Nechle et Belkacem. Bensayah. ont été arrêtés en octobre 2001 par ordre de la cour suprême de la Fédération deBosnie et Herzégovine et placés en détention provisoire. Ils étaient suspectés d'avoir planifié des attaques à la bombe contre les ambassades américaine et britannique. L'enquête, entre octobre 2001 et janvier 2002, n'a pas fait apparaître de preuve liant ces hommes à un complot terroriste. Le 17 janvier 2002, le bureau du procureur fédéral a informé le juge d'instruction de la cour suprême qu'il n'avait pas de raison de maintenir les hommes en détention provisoire plus longtemps. Le même jour, vers 15 heures, le juge d'instruction a ordonné la mise en liberté immédiate des six hommes. Encore le même jour, vers 17 heures, la Chambre des droits de l'Homme de Bosnie etHerzégovine a promulgué une ordonnance intérimaire, suite à une requête déposée par quatre de ces hommes. L'ordonnance, avec force de loi en Bosnie, selon l'accord de Paix de Dayton, a exigé que le gouvernement de Bosnie et Herzégovine prenne toutes les mesures nécessaires pour éviter que les requérants soient déportés de la Bosnie et Herzégovine par la force.Mais le soir du 17 janvier 2002, les six hommes ont été arrêtés par des officiers de police bosniaques et remis à des membres des forces militaires des États-Unis stationnés en Bosnie etHerzégovine le matin du 18 janvier. Ceci est constaté comme un fait établi dans un arrêt de laChambre des droits de l'homme pour la Bosnie et Herzégovine du 4 avril 2003.

La Chambre se réfère à un document du Conseil des Ministres en date du 4 février 2002, selon lequel des membres des forces de police de la Fédération sous l'autorité du Ministère Fédéral de l'Intérieur et des forces du Ministère de l'intérieur du canton de Sarajevo ont remis le requérant aux forces américaines de la base de Butmir le 18 janvier à 6 heures du matin.Selon le témoignage des victimes, relayé par leurs avocats du cabinet international Wilmer Hale, les six victimes ont été menottées dans des positions pénibles et encagoulées de manière à ce qu'elles ne pouvaient pas voir l'avion à bord duquel elles étaient obligées de monter, à un moment donné le 18 ou le 19 janvier 2002. Des documents officiels obtenus dans le cadre de la procédure judiciaire en cours montrent que deux avions étaient alloués à cette opération116, et que l'avion dans lequel les six hommes ont dû monter se trouvait à la base militaire de Tuzla. Après plusieurs heures de vol, l'avion a atterri et les six hommes étaient obligés de descendre, à un endroit qu'ils décrivent comme étant très froid117. Pendant les vols, les hommes étaient battus et liés dans des positions pénibles. À leur escale, probablementà Inçirlik , ils étaient rejoints par d'autres détenus, certains d'entre eux disant qu'ils venaient d'Afghanistan. La cargaison humaine est arrivée à Guantanamo le 20 janvier 2002.

Le caractère illégal de ces détentions a été reconnu par la Chambre des droits de l'homme de la Bosnie118. Dans les trois décisions, la

Chambre a invité le gouvernement de la Bosnie à venir en aide aux six hommes, y compris par l'utilisation de moyens diplomatiques et juridiques. Dans la décision du 4 avril 2003 concernant M. Ait Idir, la Chambre a même ordonné au gouvernement deBosnie de prendre toutes les mesures possibles afin d'obtenir la libération du requérant et son retour au pays. Le gouvernement bosniaque a reconnu ses obligations juridiques sans pour autant s'y conformer. Dans le document du Conseil des Ministres cité par la Chambre des droits de l'Homme, leGouvernement de Bosnie et Herzégovine a admis le fait de la « remise » des six hommes aux forces américaines par les autorités bosniaques, sans que les formalités d'une extradition étaient remplies.

Le 21 avril 2004, la Commission des droits de l'homme du parlement de Bosnie-Herzégovine a exhorté l'exécutif bosniaque à exécuter la décision de la Chambre des droits de l'homme et à initier une procédure avec les États-Unis en vue du rapatriement des détenus. Son rapport a été entériné par la chambre du parlement le 11 mai 2004.Le 11 mars 2005, le ministre de la Justice a confirmé que le gouvernement bosniaque a envoyé une lettre au gouvernement américain pour demander le retour des six hommes. Le 21 juin 2005, le Premier ministre bosniaque, M. Adnan Terzic, a confirmé devant l'Assemblée parlementaire du Conseil de l'Europe l'importance de cette affaire comme indicateur pour le progrès démocratique en Bosnie, et s'est déclaré prêt à identifier le meilleur chemin à suivre pour assurer la libération des six citoyens et anciens résidents bosniaques de Guantanamo, conformément à la résolution 1433 (2005) de l'Assemblée parlementaire. Le 16 septembre 2005, enfin, le parlement bosniaque a adopté une résolution invitant leConseil des Ministres de Bosnie et Herzégovine à entrer en contact avec le gouvernement américain pour résoudre le problème des six hommes aussi rapidement que possible.

Il est d'autant plus surprenant que malgré toutes ces déclarations prometteuses, y compris celle du Premier ministre devant l'Assemblée parlementaire du Conseil de l'Europe, il n'y a pas eu d'initiative gouvernementale visant la libération des six hommes.D'après leurs avocats, le gouvernement américain aurait déclaré à plusieurs reprises qu'il est prêt à entrer dans des discussions bilatérales avec les gouvernements des pays dont des citoyens sont détenus à Guantanamo pour arranger leur rapatriement, sous condition de mesures de sécurité adéquates. Pour les cas des six hommes en question, de telles mesures ne seraient en tout cas pas requises, comme les accusations à leur encontre ont déjà été investiguées par les autorités compétentes, le résultat de ces investigations ayant été leur innocence. Le gouvernement bosniaque n'aurait néanmoins pas entrepris des démarches crédibles visant à entamer une négociation dans ce sens. La thèse de l'innocence des hommes en question, bien qu'elle soit en tout cas présumée, et ne soit aucunement une condition requise pour que des suspects soient traités selon les règles légales, vient d'être confortée par un rapport établi par des militaires allemands. Ce rapport, établi dans des conditions pour le moins inhabituelles, ces militaires allemands se sont faits passer pour des « journalistes » interviewant le 17 juin 2003 l'épouse deM. Bensayah, Mme Kobilica ; le rapport préparé par les militaires allemands conclut que les raisons pour lesquelles les six hommes étaient arrêtés de manière illégale étaient « hautement douteux » et que les documents qu'ils ont examinés donnent lieu à la suspicion, même renforcée en regardant de plus près, qu'une injustice a été commise au moins à l'encontre de certains des six hommes qui ont aussi réveillé l'intérêt des médias et des parlementaires allemands.

le cas des six Bosniaques est un autre exemple bien documenté d'un enlèvement de citoyens et résidents européens par les autorités américaines, avec la collusion active des autorités d'un État membre du Conseil de l'Europe. Le gouvernement de la Bosnie etHerzégovine a le mérite de ne plus nier le fait qu'il a remis les six hommes aux forces américaines.les autorités bosniaques ont agi sous une pression extraordinaire de l'ambassade américaine à Sarajevo, mais il reste le fait qu'elles ont agi en violation de décisions claires de la Cour suprême ainsi que de la Chambre des droits de l'homme ordonnant la mise en liberté de ces hommes. Pour réparer les atteintes à la bonne réputation de la Bosnie etHerzégovine en matière de droits de l'homme, la reconnaissance officielle des faits est un pas important dans la bonne direction, mais elle doit être suivie dans les meilleurs délais d'une intervention diplomatique crédible vis-à-vis le gouvernement américain pour obtenir le rapatriement rapide de ces six hommes.

Ahmed Agiza et Mohammed Alzery (El Zari) deux demandeurs d'asile égyptiens rendus par les autorités suédoises à des agents américains qui les ont transporté en Égypte, où ils ont été torturés, malgré les assurances diplomatiques données à la Suède, cette affaire a donné lieu à une condamnation de la Suède par le Comité contre la torture des Nations Unies. Les autorités suédoises ont aussi été critiquées pour avoir tenté de dissimuler les faits devant UN-CAT. Dans sa décision du 20 mai 2005, UN-CAT constate que la Suède n'a pas rempli son obligation de coopérer pleinement avec leComité, comme elle n'a pas mis à la disposition du Comité toutes les informations pertinentes et nécessaires à la résolution de l'affaire.Cette affaire a été rendue publique notamment par le magazine télévisé « Kalla Fakta », et les recherches des journalistes d'investigation suédois ont battu en brèche le secret du système des avions de la CIA transportant des prisonniers clandestins de la «

guerre contre le terrorisme ». L'avion utilisé dans cette opération un Gulfstream avec le numéro N379P est devenu l'un des avions de « restitution » les plus notoires.

Le comportement de la police secrète suédoise (Säpo) a donné lieu à une enquête détaillée de l'Ombudsman parlementaire suédois, Mats Melin. Les autorités judiciaires se sont également saisies de l'affaire, concluant qu'il n'y a pas matière à poursuivre pénalement ni les agents suédois impliqués, ni le pilote de l'avion ou d'autres agents américains faisant partie de l'équipe chargée du transport de MM. Agiza et Alzery en Égypte. les faits se sont déroulés de la manière suivante : le 18 décembre 2001, MM.Agiza et Alzery, citoyens égyptiens demandeurs d'asile en Suède, ont fait l'objet d'une décision de rejet de la demande d'asile et d'expulsion pour raisons de sécurité, prise dans le cadre d'une procédure spéciale au niveau ministériel. Pour assurer que cette décision puisse être exécutée le jour même, les autorités suédoises ont accepté une offre américaine de mettre à leur disposition un avion bénéficiant d'autorisations de survol spéciales. Suite à leur arrestation par la police suédoise, les deux hommes ont été transportés à l'aéroport de Bromma, où ils ont été soumis, avec l'accord desSuédois, à une vérification de sécurité par des agents américains encagoulés.

 Le descriptif de cette vérification est particulièrement intéressant, car il correspond en détail au descriptif donné indépendamment par d'autres victimes de « rendition », dont M. El-Masri.La procédure suivie par l'équipe américaine, décrite dans ce cas par les policiers suédois présents sur les lieux, était à l'évidence bien rôdée, la communication entre les agents fonctionnant par gestes, sans paroles. Agissant très rapidement, les agents américains ont coupé les vêtements d'Agiza etAlzery sur leur corps, à l'aide de ciseaux, leur ont mis une combinaison de sports, ont procédé o une fouille corporelle minutieuse des orifices ainsi que la chevelure, les ont menottés aux mains et aux pieds, et les ont fait marcher et monter dans l'avion, pieds nus.L'Ombudsman condamne le traitement des détenus, entre la prise en charge par les agents américains et la fin de l'opération à la remise des deux hommes aux autorités égyptiennes comme dégradant. Il ne le considère pas comme constituant de la torture au sens de l'article 3 ECHR mais pose la question, sans la trancher, de savoir si l'exécution de l'ordre de déportation viole néanmoins l'article 3. En tout cas, il trouve que l'opération a été menée d'une manière inhumaine et donc inacceptable. Selon les constatations de l'Ombudsman, les agents suédois, mal encadrés, ont perdu le contrôle de l'opération dès le début de l'intervention de l'équipe américaine. Ils auraient dû intervenir pour mettre un terme au traitement dégradant des détenus, qui n'était pas justifié par des considérations de sécurité, comme les policiers suédois avaient déjà exécuté une fouille corporelle des détenus lors de leur arrestation.

En amont de la déportation des deux hommes vers l'Égypte, la Suède a demandé et obtenu des « assurances diplomatiques » selon lesquelles les deux hommes ne seraient pas soumis à des traitements contraires à la convention anti-torture et qu'ils bénéficieraient de procès équitables. Les assurances étaient même assorties d'un mécanisme de suivi, notamment des visites régulières de l'ambassadeur de Suède en prison et la participation d'observateurs suédois au procès. Le dénouement de l'affaire montre que ces « assurances » n'ont pas été respectées. L'avocat de M. Alzery, Kjell Jönsson affirme que des faits de torture extrêmement graves sont avérés. Alors que M. Alzery a été libéré de prison en octobre 2003, il n'a pas le droit de quitter son village enÉgypte sans la permission des autorités. M. Agiza a été condamné à 25 ans de prison par un tribunal militaire dans un procès auquel les observateurs suédois ont été exclus pendant les premiers des quatre jours que durait le procès. Malgré le fait que M. Agiza s'est plaint de tortures pendant sa détention, qui a duré plus de deux ans après son retour forcé en Égypte, et malgré le fait que le rapport du médecin de la prison a bien constaté des blessures physiques subies en prison, le tribunal militaire n'a pas donné suite à la requête de la défense demandant un examen médical indépendant. La décision d'UN-CAT montre que les « assurances diplomatiques », même assorties de clauses de suivi, ne sont pas de nature à éviter des risques de tortures. La responsabilité de l'État déporteur reste donc engagée. Somme toute, l'affaire suédoise de Agiza et Alzery ne peut pas être classifiée comme un enlèvement par la CIA. Les deux hommes ont fait l'objet d'une procédure suédoise de déportation suite au refus de la demande d'asile, cette procédure ayant été sévèrement critiquée par UN-CAT, et ce à juste titre : l'exécution immédiate de la décision a privé les deux hommes de toute possibilité de recours, y compris au titre de la Convention des Nations unies contre la torture, recours qui aurait d'ailleurs eu de bonnes chances de succès, vu le danger de torture encouru par eux enÉgypte. D'autres points de critique à l'encontre de la Suède sont la mise en œuvre peu insistante de la clause de suivi des assurances obtenues avant l'extradition et surtout le fait que la Suède n'ait pas transmis toutes les informations pertinentes à UN-CAT. Par contre, pour ce qui est des mauvais traitements des prisonniers à l'aéroport de Bromma, et dans l'avion, le reproche s'adresse en premier lieu aux États-Unis.

Le 17 juin 2003, Hassam Osama Mustafa Nasr, dit Abou Omar, citoyen égyptien, est enlevé en plein cœur de Milan à midi. Grâce à une enquête tenace et remarquable des magistrats milanais et des services de police DIGOS, le cas d'Abou Omar est certainement l'un des cas les mieux connus et documentés de « restitution extraordinaire ». Abou Omar a été transporté par avion en Égypte, en passant par les bases aériennes militaires d'Aviano en Italie et de Ramstein en Allemagne, où il a été torturé, avant d'être relâché et à nouveau arrêté. À notre connaissance, aucun procès n'a eu lieu à l'encontre d'Abou Omar en Égypte. L'enquête de la justice italienne a prouvé, au-delà de tout doute raisonnable, que cette opération avait été exécutée par les services américains de la CIA, ce que l'Agence n'a d'ailleurs pas contesté. Les enquêteurs italiens ont pu également prouver la présence enÉgypte du responsable présumé de l'opération d'enlèvement – qui revêtait également la fonction deConsul américain à Milan - pour une quinzaine de jours dans la période qui a immédiatement suivi la remise d'Abou Omar aux autorités égyptiennes ; il n'est dès lors pas arbitraire d'en déduire qu'il a pris part, sous une forme ou une autre, aux interrogatoires de la personne enlevée. La procédure ouverteà Milan concerne 25 agents américains, à l'encontre de 22 desquels la justice italienne a émis un mandat d'arrêt. Abou Omar bénéficiait du statut de réfugié politique. Soupçonné d'être un activiste islamiste, Abou Omar faisait déjà l'objet d'une surveillance de la part de la police et de la magistrature de Milan. Grâce à cette surveillance, la police italienne était vraisemblablement sur le point d'identifier un réseau d'activistes agissant dans l'Italie du Nord. L'enlèvement d'Abou Omar, comme le relèvent expressément les magistrats milanais, a en fait saboté l'enquête en cours de la justice italienne et porté ainsi préjudice à la lutte contre le terrorisme. Est-il imaginable et possible qu'une telle opération, avec un pareil déploiement de moyens dans un pays ami et allié, membre de la coalition en Irak, ait été réalisée sans informer les autorités locales ou, du moins, les services correspondants ? Le gouvernement italien, pour sa part, a démenti avoir été informé. L'enquête du Parquet de Milan vient cependant de connaître un important rebondissement : un agent d'un groupe d'élite des Carabinieri a avoué avoir pris part à l'enlèvement d'Abou Omar dans le cadre d'une action coordonnée par leSISMI, les services de renseignements militaires. Le chef du SISMI avait pourtant formellement nié toute participation de son service à l'enlèvement ; il a même affirmé avoir eu connaissance de cet épisode après l'enlèvement même.

Bisher Al-Rawi et Jamil El Banna Le cas de ces deux résidents permanents britanniques arrêtés en Gambie en novembre 2002 et transférés d'abord en Afghanistan pour se retrouver ensuite à Guantanamo est un exemple d'une mauvaise coopération entre les services d'un pays européen le MI5 britannique et la CIA dans le but d'enlever des personnes, contre lesquelles il n'existe pas de preuves permettant de les maintenir en prison dans le respect de la loi et dont la faute principale est de connaître une personnalité islamiste, Abou Qatada en l'espèce. Les informations rendues publiques à ce jour montrent que l'enlèvement d'Al-Rawi et El-Banna a bien été motivé par des informations, en partie erronées de surcroît, fournies par le MI5. Bisher Al-Rawi et Jamil El Banna ont été arrêtés en Gambie le 8 novembre 2002. Ils avaient l'intention de rejoindre le frère de M. Al-Rawi, Wahab, citoyen britannique, pour l'aider à fonder un atelier mobile de traitement d'arachides. Les autorités britanniques étaient bien au courant de ce voyage d'affaires. Le 1er novembre, Al-Rawi et El Banna sont donc partis pour ce voyage, mais sans aller très loin. À l'aéroport de Gatwick, ils ont été arrêtés à cause d'un engin suspect dans le bagage à main de M. Al-Rawi.

Le même jour, un premier télégramme du MI5 informait la CIA de l'arrestation des deux hommes sur la base de la loi anti-terroriste de 2000. Ce télégramme contient des informations fausses, dont celle que M. Al-Rawi serait un extrémiste islamique, et que la fouille de ses bagages auraient révélé qu'il transportait une sorte d'objet électronique bricolé qui pourrait être utilisé selon l'enquête préliminaire comme une composante d'une bombe artisanale. Les deux hommes ont passé 48 heures en garde à vue, jusqu'à ce que la police ait déterminé que l'engin suspect n'était autre qu'un chargeur de piles en vente dans plusieurs chaînes de magasins d'électronique (Dixons, Argos, Maplins). Al-Rawi a donné cette explication dès son arrestation, mais il fallait vérifier. La conclusion de l'épisode du chargeur – qu'il s'agissait bien d'un « engin innocent » - a été communiquée au ministère des Affaires étrangères par MI5 dans un télégramme du 11 novembre 2002. Malheureusement, il n'existe aucune preuve que cette information ait jamais été transmise à la CIA. En effet, les allégations concernant cet engin suspect ont réapparu dans leur « procès » devant le CSRT (Combatant Status Review Tribunals) comme « preuve » qu'ils sont « ennemis combattants ».

Al-Rawi et El Banna sont rentrés chez eux le 4 novembre 2002 et ont réorganisé leur voyage en Gambie pour le 8 novembre. Entre-temps, plusieurs télégrammes ont été envoyés par le MI5 aux Américains au sujet des deux hommes, les informant qu'ils connaissaient Abou Qatada, et que M. El-Banna était le financier de ce dernier. Il est exact que les deux hommes connaissaient Abou Qatada. Les autorités américaines en auraient déduit que les deux hommes appartenaient à une cellule d'Al Quaïda. Par contre, selon les avocats, M. Al-Rawi aurait aidé le MI5 à préparer l'arrestation non violente d'Abu Qatada, et des agents britanniques l'en auraient même remercié.Le 8 novembre 2002, le jour de l'envol des deux hommes vers la Gambie, le MI5 envoyait un autre télégramme indiquant les détails du vol, y compris le départ de l'avion retardé et l'heure estimée d'arrivée. Il est indiqué sur ce télégramme que cette communication devrait être lue à la lumière des communications antérieures. En outre, le télégramme du 8 novembre ne comporte pas la mention figurant sur les télégrammes antérieurs, que cette information ne doit pas être utilisée comme base d'action ouverte, couverte, ou exécutive.

À l'aéroport de Banjul, Al-Rawi et El Banna, accompagnés d'un collaborateur, M. El Janoudi, ont rencontré le frère de Bisher Al-Rawi, Wahab, qui s'était rendu en Gambie une semaine avant eux.Ils ont tous les quatre étés arrêtés par des agents gambiens. Ils ont été emmenés à une maison à l'extérieur de Banjul. M. Janoudi a réussi à téléphoner à son épouse à Londres, et à autre frère de M.Al-Rawi, Numann, est allé voir son parlementaire, Edward Davey, lequel a informé le ministère desAffaires étrangères.

Les jours suivants, selon le récit de Wahab, des agents américains étaient bien présents, mais les détenus n'ont jamais vu de fonctionnaires britanniques, malgré le fait qu'ils aient demandé à rencontrer un représentant consulaire. Wahab a indiqué lors de l'audition de l'APPG qu'à plusieurs reprises, les agents de la CIA et de la Gambie ont fait allusion au fait que ce sont les Britanniques qui ont demandé votre arrestation. M. El Banna confirme qu'on lui a toujours dit la même chose lors de sa détention ultérieure à Guantanamo Bay :les hommes qui m'ont interrogé me demandaient pourquoi j'en voulais tellement à l'Amérique. LeRoyaume-Uni, c'est votre gouvernement, le MI5, qui a appelé la CIA et qui leur a dit que vous etBischer étiez en Gambie et de venir vous y arrêter. Le Royaume-Uni nous a tout dit. C'est laRoyaume-Uni qui vous a vendus à la CIA.

Le 5 décembre 2002, après 27 jours, Wahab était mis en liberté et retournait au Royaume-Uni. Quelques jours après, un dimanche, Bisher Al-Rawi et Jamil El Banna étaient transportés enAfghanistan, dans un avion militaire à réaction, avec plus de quarante places. Il y avait au moins 7 ou 8 agents américains à bord, dont une femme médecin. Les deux hommes, toujours par le biais de leurs avocats, ont donné un récit détaillé du traitement, dégradant et inhumain auquel ils ont été soumis et qui rappelle fortement celui infligé à d'autres victimes de restitutions. Ils étaient vêtus de couches, portaient une capuche sans trous pour les yeux, ont eu les oreilles bouchées, les jambes et les bras menottés péniblement derrière le dos, et on leur a refusé l'accès aux toilettes.

À Kaboul, ils ont été transportés en moins de 15 minutes à la prison identifiée comme la Dark Prison. La description des conditions inhumaines de détention dans cette prison correspond en de nombreux détails à celle donnée par d'autres victimes de restitutions qui sont passées par là. Les deux détenues décrivent une musique diabolique très forte 24h sur 24, une absence totale de lumière, la nourriture très pourrie, pas de possibilité de lavage, ni de toilette, menottage pénible des pieds et des mains, cellule froide, vêtements insuffisants, et qu'ils étaient fréquemment battus et piétinés. Après deux semaines dans cette prison sinistre, les deux hommes ont été transférés à Bagram, par hélicoptère. À Bagram, ils ont été emprisonnés et maltraités pendant deux mois encore. Les interrogateurs américains auraient offert à M. El Banna de grosses sommes d'argent en échange de faux témoignages contre Abou Qatada.Lorsque ces offres n'ont pas donné le résultat escompté, les interrogateurs auraient menacé de le renvoyer pour un an à la Dark prison, suivi de 5 ou 10 ans à Cuba, et ils ont proféré des menaces grossières à l'encontre de sa famille résidant à Londres.

Enfin, les deux hommes ont été transportés à Guantanamo, où ils ont de nouveau été exposés à des traitements inhumains. Al-Rawi dit avoir reçu de nombreuses visites d'agents du MI5, pour la première fois au début de l'automne de 2003, et avoir été interrogé par une dizaine d'agents différents de la CIA. L'un des agents du MI5 se serait même excusé auprès de lui. En janvier 2004, deux agents britanniques (« Martin » et « Matthew ») auraient demandé s'il était prêt à travailler à nouveau pour le MI5. Al-Rawi aurait répondu par l'affirmative, du moment où cela ferait avancer la paix, aurait-il ajouté. Plusieurs mois plus tard, un certain « Alex », avec qui Al-Rawi aurait travaillé àLondres, serait venu le voir à Guantanamo, en compagnie d'une agente attrayante. Cependant, à l'occasion du procès d'Al-Rawi devant le CSRT, les autorités britanniques ont refusé d'envoyer àGuantanamo les témoins qui avaient été cités par la défense ou simplement de confirmer ses liens avec le MI5 ; ce faisant, elles l'ont condamné indirectement à une détention indéterminée.Les familles d'Al-Rawi et El Banna et leurs avocats de la Société Birnberg, Peirce &Partners tentent une action en justice visant à obliger le gouvernement britannique à intercéder par la voie diplomatique auprès des États-Unis en vue de faire libérer et rapatrier les deux hommes dans les meilleurs délais. Aux dernières informations, le gouvernement britannique se serait engagé dans ce sens pour ce qui est d'Al-Rawi, mais non pour El Banna. Entre-temps, le jugement de première instance est tombé, rejetant la plainte des familles.

Maher Arar, citoyen canadien d'origine syrienne, est venu témoigner publiquement devant la Commission temporaire du parlement Européen. Lors d'une escale à son retour de vacances enTunisie, en septembre 2002, il a été arrêté à l'aéroport JFK de New York par des agents américains.Ayant été détenu dans une prison de haute sécurité et interrogé pendant deux semaines par la police de New York, le FBI et le service de l'immigration américain, il aurait été transporté en Syrie, à partir de l'aéroport du New Jersey via Washington, Rome et Amman, pour être enfermé dans une prison des renseignements militaires syriens. Il y aurait passé plus de dix mois, pendant lesquels il auraitété torturé, abusé et contraint à de faux aveux. Pendant son séjour en Syrie, il aurait aussi entendu la voix d'un prisonnier allemand torturé. Après une campagne persistante de son épouse, Arar a pu avoir des contacts irréguliers avec des diplomates canadiens en poste en Syrie. Il affirme ne jamais avoirété l'objet de poursuites pénales dans aucun pays. Arar souffre toujours d'un syndrome de stress post-traumatique, suite à l'expérience terrible qu'il a vécue.

Le gouvernement américain considère la restitution d'Arar comme une procédure légitime conforme à ses procédures d'immigration. Selon Arar, les agents à bord de l'avion ne se sont jamais identifiés, mais il aurait entendu qu'ils faisaient partie d'une special removal unit. Dans ce cas précis, la remise d'Arar à la Syrie semble être un exemple bien documenté de « délocalisation de la torture », pratique par ailleurs déjàévoquée publiquement par certains responsables américains. Un rapport de l'enquêteur, Stephen J. Toope, a été publié dès le 14 octobre 2005. M. Toope, qui jouit d'une longue expérience avec des victimes de torture, a établi de manière convaincante la véracité des déclarations d'Arar, qu'il a comparées avec les dépositions d'autres anciens prisonniers syriens détenus dans la même prison des renseignements militaires syriens . Son rapport, qui cite aussi les constatations de médecins spécialisés qu'Arar a consultés après son retour, décrit de manière détaillée le traitement auquel Arar a été soumis en Syrie, le qualifiant clairement de torture au sens de la convention anti-torture des Nations unies. Ce rapport ne traite cependant pas du rôle des autorités canadiennes dans l'affaire. Cet aspect sera abordé dans le rapport final de la Commission, dont la publication est prévue pour la fin de l'été 2006. Il est donc prématuré d'en tirer des conclusions à ce stade.

Les cas de MM. Bashmila et Ali Qaru sont illustrés dans un rapport d'Amnesty International basé sur des recherches sur place et des entretiens intensifs avec les victimes. Il est vraisemblable qu'ils doivent leur récente libération à l'engagement d'AI. Les deux hommes, qui n'ont jamais été accusés des moindres crimes terroristes, ont été arrêtés en Jordanie et ont disparu, pour leurs familles, dans la toile d'araignée américaine en octobre 2003. Selon les recherches d'AI, ils ont été détenus dans au moins quatre centres de détentions secrets américains, probablement dans trois pays différents. D'après les informations fournies par les détenus, ils auraient séjourné à Djibouti, en Afghanistan et quelque part en Europe orientale. L'endroit exact de leur dernier séjour de 13 mois, commencé fin avril 2004, reste cependant inconnu. Les hommes ont donné une description exacte du lieu de détention et de leur itinéraire de transport, détails qui n'ont pas encore été entièrement rendus publics. C'est en particulier le vol de retour au Yémen, le 5 mai 2005, qui paraît particulièrement intéressant, il aurait eu une durée d'environ sept heures.

M. Zammar, Allemand d'origine syrienne, était suspecté d'avoir été impliqué dans la cellule Hambourgeoise d'Al Quaïda, et était placé sous surveillance policière en Allemagne depuis plusieurs années. Après le 11 septembre 2001, il a fait l'objet d'une enquête pénale pour soutien à une organisation terroriste, mais les preuves à son encontre se sont révélées insuffisantes pour justifier une prolongation de son incarcération. Le 27 octobre 2001, il a quitté l'Allemagne pour le Maroc, où il a passé plusieurs semaines. Quand il a voulu rentrer en Allemagne, il aurait été arrêté par des agents marocains à l'aéroport de Casablanca, au début de décembre, et interrogé par des agents marocains et américains pendant plus de deux semaines. Vers la fin de décembre 2001, il aurait été embarqué sur un avion de la CIA et emmené à Damas, en Syrie.L'affaire a donné lieu à de nombreux articles de presse, selon certaines allégations l'arrestation de M. Zammar au Maroc aurait été facilitée par des informations fournies par les services allemands. Il aurait été, d'autre part torturé par les services syriens et interrogé en Syrie aussi par des agents allemands.

Un rapport détaillé du gouvernement allemand au Bundestag dont j'ai pu recevoir une copie, donne une image assez nuancée de cette affaire. L'arrestation de M. Zammar au Maroc a été objectivement facilitée par des échanges d'information entre les services allemands et leurs homologues néerlandais, Marocains et aussi Américains. Mais ces échanges d'informations sur les plans de voyage d'une personne suspectée d'activités terroristes, le rapport du gouvernement allemand donne des éléments détaillés qui semblent justifier ces soupçons – font partie de la coopération internationale normale et nécessaire dans la lutte contre le terrorisme. Si les services allemands ont informé leurs collègues étrangers des dates des réservations de vols de M. Zammar, on ne peut pas en conclure qu'ils avaient l'intention de le faire arrêter en violation des procédures normales. Les faits se sont déroulés en décembre 2001, donc bien avant les révélations publiques relatives à la pratique illégale des restitutions.

Le ministère des Affaires étrangères allemand ainsi que les ambassades de Damas et Rabat sont intervenus à plusieurs reprises, d'abord pour établir le lieu de séjour de M. Zammar et ensuite pour lui fournir l'assistance consulaire habituelle dans sa détention syrienne. La Syrie a refusé toute intervention consulaire du fait de la non-reconnaissance de l'abandon de la nationalité syrienne parM. Zammar dans le cadre de sa naturalisation en Allemagne, une pratique constante de la Syrie.

Des agents allemands ont effectivement interrogé M. Zammar en Syrie. M. Zammar aurait affirmé devant ses interrogateurs allemands qu'il a été battu aussi bien au Maroc qu'au début de sa détention en Syrie, mais rien ne permet de conclure que ces mauvais traitements aient été en relation avec la présence et l'intervention des agents allemands. Ceux-ci auraient trouvé M. Zammar en bonne forme physique et psychique, malgré une perte de poids notable. Les relations entre M. Zammar et ses gardiens syriens ne paraissaient pas tendues, malgré une certaine relation d'autorité observée par les visiteurs allemands.

Binyam Mohamed al Habashi, citoyen éthiopien, est titulaire du statut de résident au Royaume-Uni depuis 1994. Alors que la plupart des membres de sa famille ont émigré aux États-Unis, où ils ont obtenu la naturalisation américaine, Binyam s'est rendu au Royaume-Uni lorsqu'il était adolescent et y a demandé l'asile, demande qui n'a jamais fait l'objet d'une décision définitive. Il a fait sept années d'études à Londres. Il a eu des problèmes de toxicomanie. Il s'est converti à l'Islam à l'âge de vingt ans.Binyam est actuellement détenu à Guantanamo Bay, et a été choisi pour faire partie de l'un des premiers groupes de dix prisonniers à comparaître devant une commission militaire spéciale des États-Unis, probablement au cours de l'année 2006. Nous avons pu prendre connaissance du journal qu'il a tenu, un récit des cinq dernières années de sa vie ainsi qu'une série de lettres qu'il a écrites deGuantanamo. En outre, un membre de mon équipe a pu recueillir les témoignages directs de membres de sa famille et de ses représentants juridiques au Royaume-Uni.

Les éléments les plus préoccupants dans l'affaire Binyam sont les récits d'actes de torture et autres violations graves des droits de l'homme qu'il fait au sujet du traitement auquel il aurait été soumis. Il indique avoir été blessé sur tout le corps à l'aide d'un scalpel et d'une lame de rasoir, roué de coups jusqu'à perdre connaissance et suspendu aux murs par des chaînes. Il a souffert de blessures graves, notamment de fractures, et était constamment menacé de mort, de viol et d'électrocution.Il est difficile de dire si ce récit correspond vraiment à la réalité, certains de ces actes font partie de ce qui est désigné comme techniques renforcées d'interrogatoire, mises au point par les États-Unis dans le cadre de la guerre au terrorisme. Qui plus est, la majorité des sévices décrits par Binyam ressemblent sensiblement aux témoignages d'autres détenus ayant vécu les mêmes conditions de détention à divers endroits au cours des dernières années. Binyam est exemplaire de très nombreux détenus, dont pour la plupart nous ignorons l'identité et leur lieu de détention, qui se sont retrouvés piégés par la toile d'araignée des Etats-Unis dans le cadre de la guerre contre le terrorisme. Binyam a fait l'objet de deux restitutions de laCIA, d'un transfert militaire vers Guantanamo Bay et d'autres transferts clandestins par avion et par hélicoptère. Il a été enfermé dans au moins deux centres de détention secrets, en plus des prisons militaires. Lors des interrogatoires clandestins, Binyam a été confronté à des allégations qui ne pouvaient qu'émaner des services de renseignements du Royaume-Uni.

La famille de Binyam a déclaré que celui-ci a disparu durant l'été 2001.Ses proches ont par la suite été en proie à des années d'incertitude désespérée quant à sa situation et à l'endroit où il se trouvait, incertitude qui ne fut que partiellement soulagée par une première visite d'agents du FBI trois ans plus tard, en 2004. Même si elle a reçu quelques lettres de Binyam deGuantanamo, sa famille n'a pas été en mesure de le voir ou de lui parler pendant cinq ans.Selon ses déclarations, Binyam s'est rendu de son plein gré en Afghanistan en 2001, où il a passé quelque temps, avant de se rendre au Pakistan, pour vouloir ensuite retourner au Royaume-Uni. Il a été arrêté par les autorités pakistanaises à l'aéroport de Karachi, le 10 avril 2002, accusé d'avoir tenté de voyager avec un faux passeport. Moins de dix jours après son arrestation, il a été interrogé par les autorités américaines. À sa demande de faire valoir son droit d'être défendu par un avocat, et plus tard à son refus de répondre aux questions posées, les représentants américains auraient répondu : La loi a changé. Il n'y a pas d'avocats. Pour coopérer avec nous, vous avez le choix entre la manière douce et la manière forte. Si vous refusez de parler, vous irez en Jordanie. On ne peut pas faire ce qu'on veut ici, les Pakistanais ne peuvent pas faire tout ce qu'on leur demande .Les Arabes s'occuperont de vous.

Les premiers interrogatoires de Karachi ont été conduits par des agents pakistanais, américains et britanniques. Binyam n'a jamais été accusé d'un quelconque crime. Des agents du MI6 lui ont dit qu'après s'être renseignés sur son compte, ils savaient bien qu'il n'était qu'une personne sans importance. Il n'a pourtant pas été libéré. Les services de sécurité pakistanais l'ont emmené dans un aéroport militaire à Islamabad et l'ont remis aux autorités américaines.Binyam affirme qu'il a fait l'objet d'une première restitution le 21 juillet 2002. Il s'est fait attaquer par des personnes non identifiées, vêtues de noir, portant des masques et ce qui ressemblait à des chaussures Timberland. Il décrit comment ils ont enlevé ses vêtements, pris des photos, mis des doigts dans son anus et l'ont affublé d'un survêtement, ensuite enchaîné et lui ont mis un casque sur les oreilles et un bandeau sur les yeux, avant de le placer de force dans un avion pour le Maroc.D'après les données de vols officielles obtenues grâce à cette enquête, l'appareil N379P utilisé pour la restitution, a décollé d'Islamabad le 21 juillet 2002 pour se rendre à Rabat, au MarocBinyam a décrit divers centres secrets où il a été détenu au Maroc, dont une prison ensevelie quasiment sous terre et un endroit plus propre, où il aurait été placé pour se remettre des blessures provoquées par les tortures. Entre juillet 2002 et janvier 2004, Binyam a été torturé à maintes reprises par une équipe d'interrogateurs et d'autres agents, pour la plupart Marocains. Certains portaient des masques, d'autres non, au moins une interrogatrice, qui s'est dit canadienne, serait une agente américaine de la CIA.

La finalité des tortures était de venir à bout de la résistance de Binyam, de le briser physiquement et psychologiquement, afin de lui arracher des aveux sur son engagement dans des activités terroristes. En plus des menaces et sévices incessants, les tortionnaires se servaient d'informations, émanant apparemment des services de renseignements, pour montrer à Binyam qu'ilsétaient bien informés à son égard. La majorité des informations personnelles, notamment, des détails sur son éducation, ses amis à Londres et même son entraîneur de boxe française ne pouvaient que provenir des services de renseignements du Royaume-Uni. Binyam a relaté à son avocat plusieurs phases dans les sévices subis au Maroc, un adoucissement initial a fait place à un cycle de tortures de routine, puis à des violences sévères, consistant en des supplices mentaux et des blessures physiques. Au cours des premières semaines de sa détention, il a été suspendu de manière répétée aux murs et aux plafonds, enchaîné et battu violemment, il decriva : Ils entraient dans la pièce et me menottaient les mains derrière le dos. Arrivaient ensuite trois hommes portant des masques de ski noirs, qui laissaient seulement entrevoir leurs yeux… Deux d'entre eux tenaient mes épaules et le troisième me donnait des coups de poing dans le ventre. Le premier coup… a tout retourné à l'intérieur. J'avais envie de vomir. Je voulais rester debout, mais j'avais tellement mal que je tombais à genoux. Ils me relevaient et me frappaient à nouveau, ils me rouaient de coups de pieds dans les cuisses quand je me levais. Ils m'ont passé à tabac cette nuit- là… Je me suis effondré, et ils sont partis. Je suis resté sur le sol un long moment avant de perdre connaissance. Je ne sentais plus mes jambes. Je ne pouvais plus bouger. Je me vomissais et m'urinais dessus. Le paroxysme de la torture consistait à mettre Binyam nu et à utiliser un scalpel de médecin pour faire des incisions sur son torse et sur d'autres parties de son corps : L'un d'eux a pris mon pénis dans sa main et a commencé à faire une entaille. Ils sont restés une minute à observer ma réaction.J'étais à l'agonie, je pleurais, je tentais désespérément de me retenir, mais je hurlais malgré tout. Ils ont dû le faire vingt ou trente fois, en peut-être deux heures. Il y avait du sang partout. Ils ont tailladé mes parties intimes. L'un d'eux a dit qu'il vaudrait mieux carrément tout couper, puisque de toute façon, je n'engendrerai que des terroristes.

Finalement, Binyam a commencé à coopérer pendant les séances d'interrogatoires, afin d'éviter les tortures : Ils ont dit que si je donnais leur version des faits, je serais juste appelé au tribunal comme témoin et que toutes ces tortures cesseraient. Je n'en pouvais plus… J'ai fini par répéter ce qu'ils me lisaient à voix haute. Ils m'ont dit de dire que j'avais vu Ben Laden cinq ou six fois, ce qui est bien évidemment faux. Ils ont continué avec deux ou trois interrogatoires par mois. Il ne s'agissait pas vraiment d'interrogatoires, mais plutôt d'entraînements, en vue de me préparer à ce que je devrais dire.

Binyam déclare avoir fait l'objet d'une seconde restitution lors de la nuit du 21 au 22 janvier 2004. Après qu'on lui ait mis des menottes, bandé les yeux et transporté environ une demi-heure dans un van, il a été débarqué dans ce qui lui semble être un aéroport:ils ne m'ont pas parlé. Ils ont lacéré mes vêtements. Il y avait une femme blanche avec des lunettes – elle a pris les photos. L'un d'eux tenait mon pénis tandis qu'elle prenait des photos numériques. Elle a eu le souffle coupé en voyant mes blessures. Elle a dit : « Oh, mon Dieu ! Regardez ça ».La seconde restitution de Binyam Mohamed aurait eu lieu dans le cadre du circuit de restitution . Selon des données officielles, l'appareil N313P, opérant pour le compte de la CIA, aurait effectué un vol de Rabat à Kaboul, tôt dans la journée du 22 janvier 2004. Deux jours plus tard, dans le cadre de ce même circuit, le même avion est retourné en Europe et a été utilisé pour la restitution de Khaled El-Masri.

Le calvaire de Binyam Mohamed s'est poursuivi à Kaboul, en Afghanistan, où il a été enfermé dans ce qu'il appelle la prison des ténèbres , durant quatre mois. Les conditions de détention y sont inhumaines et dégradantes, notamment, l'obligation de rester dans des positions pénibles, l'altération du sommeil, les privations sensorielles et autres techniques renforcés d'interrogatoire178 employées par les forces militaires américaines dans ce genre de prison. À plusieurs reprises, Binyam s'est vu enchaîner au sol, les bras suspendus au-dessus de lui et sa tête frappée contre le mur. Il décrit une torture par la musique, qui se déroulait au son de rap et de hard métal assourdissants, de bruits de tonnerre, de décollages d'avions, de ricanements et autres bruits atroces, qu'il a qualifiés de cauchemar perpétuel...Jusqu'à son transfert par hélicoptère pour Bagram, fin mai 2004, Binyam n'a pas été autoriséà voir la lumière du jour. Il était continuellement interrogé et sans cesse exposé aux allégations concernant des activités et complots terroristes dans lesquels on l'accusait d'être impliqué. Un mode d'alimentation anarchique lui a été imposé, ainsi que des séances étranges avec des psychiatres.

Dans un centre de détention de la base aérienne de Bagram, en Afghanistan, Binyam a été forcé d'écrire une longue déclaration préparée par les Américains, dont nous ignorons le contenu. Binyam a indiqué à ses avocats qu'il a écrit et signé le document dans un état de totale confusion mentale : Je ne me souviens pas vraiment de ce que j'ai écrit, parce qu'alors, je faisais seulement ce qu'ils me disaient de faire. Bien évidemment, à mon arrivée à Bagram, je disais déjà ce qu'ils voulaient entendre.un être humain a été, selon ses propres termes, complètement déshumanisé : Je suis navré de ne paséprouver d'émotion lorsque je parle du passé, c'est parce que je me suis fermé. À vous d'imaginer toute la partie émotionnelle, je suis en quelque sorte mort dans ma tête.

Le centre Satellitaire de l'Union Européenne (CSUE) à Torréon a publié un certain nombre d'images satellitaires des sites de détentions secrètes, dont certains ont été photographiés à différents moments. Des experts ont analysé ces images et ont pu identifier plusieurs endroits précis situés sur un aéroport civil et une base des services secrets en Pologne, ou sur des aéroports militaires en Roumanie qui se prêteraient très bien à la détention secrète de personnes acheminées par avion. Mais il existe des centaines d'endroits tout aussi propices à travers l'Europe. Ces photos ont permis pour ce qui est de la Pologne de déceler une double clôture très bien entretenue autour d'une structure identifiée comme un ensemble de dépôts de munitions sur le terrain d'un aéroport qui n'aurait plus été utilisé à des fins militaires depuis la fin de la Deuxième Guerre mondiale. Une question se pose sur la finalité du parfait entretien de cette double clôture, bien visible sur les photos satellitaires. Des données publiées par L'Eurocontrol, l'organisation européenne pour la sécurité de la navigation permettent d'établir avec certitude certaines liaisons aériennes entre des centres de détention connus et les endroits suspects en Pologne et en Roumanie. La situation géographique de ces endroits ne les prédisposant pas à servir de lieu de ravitaillement, la durée de séjour des avions à ces endroits et notamment le fait que les escales en question font partie de circuits de restitutions bien établis182, permettent de soupçonner qu'il s'agit de lieux de détention faisant, ou ayant fait partie du programme de restitutions.

Des témoignages recueillis par Amnesty International permettent de considérer comme très vraisemblable qu'un lieu de détention relativement important a existé dans un pays européen, sans pour autant être encore à même d'indiquer lequel.Un journaliste travaillant pour la télévision allemande a interviewé à Kaboul un jeuneAfghan qui affirme avoir été détenu en Roumanie. Ce témoin, très effrayé et non disposé à témoigner publiquement, aurait été informé par un gardien de prison auprès duquel il s'est plaint des conditions de détention qu'il avait encore de la chance qu'il se trouvait enRoumanie.Selon les services de renseignements suisses, ils ont intercepté un fax transmis par le ministère égyptien des affaires européennes, à l'attention de l'ambassade égyptienne à Londres, mentionnant l'existence de tels centres en Roumanie, en Bulgarie, en Macédoine, au Kosovo et en Ukraine.Si des preuves au sens formel du terme ne sont pas encore disponibles à ce jour, de nombreux éléments et indices, cohérents et convergents, indiquent que de tels centres secrets de détention ont bel et bien existés en Europe.

Les violations massives des droits de l'homme en Tchétchénie ont débuté et ont été dénoncées avant la mise en place du programme de restitutions. Il est regrettable et inquiétant de constater que les deux principales puissances mondiales invoquent la lutte contre le terrorisme comme raison pour abandonner les principes du respect des droits fondamentaux. Cela entraîne un mécanisme de justification réciproque et constitue un exemple déplorable pour les autres États. Il n'est guère possible de parler de centres de détention secrets dans les États membres du Conseil de l'Europe sans mentionner la Tchétchénie. La situation en Tchétchénie en ce qui concerne les lieux de détention non officiels a déjà été vertement critiquée par le Comité européen pour la prévention de la torture dans deux déclarations Publiques en 2001 et 2003. lors d'une visite dans la région en mai 2006, une délégation du CPT a de nouveau eu des raisons de croire que des endroits pouvant servir de lieux non officiels de détention se situaient dans la région, au village de Tsentoroy (Khosi-Yurt) au sud-est de Gudermes.

le directeur exécutif de la International Helsinki Federation for Human Rights, Aaron Rhodes a rédigé un rapport avec l'aide d'organisations non gouvernementales russes travaillant dans la région et comportant des témoignages accablants émanent de victimes de détentions secrètes accompagnées de tortures et souvent suivies de disparitions forcées dans la région du Caucase du Nord. Nombre de tels faits sont attribuées aux « Kadyrovtsi », des milices sous le commandement direct du premier ministre de la République tchétchène, Ramzan Kadyrov. Selon plusieurs de ces témoignages, des endroits servant de lieux de détention non officiels se trouveraient à Tsentoroy, village d'origine de la famille kadyrov. ces allégations méritent d'être investiguées au même titre que les violations commises par les services américains, d'autant plus que laRépublique tchétchène fait partie du territoire d'un État membre du Conseil de l'Europe.

Toute généralisation est par définition arbitraire. Force est néanmoins de constater que la plupart des gouvernements ont fait preuve de très peu d'empressement dans l'établissement des faits allégués. L'ensemble des données disponibles rend invraisemblable que les États européens n'aient absolument rien su de ce qui se passait, dans le cadre de la lutte au terrorisme international, dans certains de leurs aéroports, dans leur espace aérien ou dans les bases américaines situées sur leur territoire. Dans la mesure où ils n'ont pas su, ils n'ont pas voulu savoir. Il n'est tout simplement pas imaginable que certaines opérations conduites par des services américains aient pu avoir lieu sans la participation active, ou du moins, la complaisance des services de renseignements nationaux. Si tel devait être le cas, on serait autorisés à sérieusement se poser la question quant à l'efficacité et, donc, la légitimité de tels services. Il est apparu manifeste que pour certaines administrations il y avait un souci de ne surtout pas troubler les rapports avec les États-Unis, alliés et partenaires de première importance. D'autres gouvernements partent apparemment du principe que ce qu'ils savent grâce à leurs services de renseignements est censé n'être pas connu, certains États prévoient expressément dans leur législation l'interdiction de faire usage et de rendre public les informations recueillies par leurs services de renseignements. Tel est le cas, par exemple, de la HongrieLe cas le plus troublant, parce que le mieux documenté, est vraisemblablement celui de l'Italie. Comme nous l'avons déjà mentionné, le Parquet et la police de Milan ont pu, grâce à une enquête qui témoigne d'une compétence et indépendance remarquables, reconstruire jusque dans les détails un cas de extraordinary reddition, celui de l'imam Abou Omar, enlevé le 17 février 2003 et remis aux autorités égyptiennes. Le Parquet a identifié vingt-cinq auteurs de cette opération montée par laCIA et contre vingt-deux elle a émis des mandats d'arrêts. Le ministre de la justice alors en charge a en réalité fait usage de ses compétences pour faire obstacle au travail de l'autorité judiciaire : non seulement il a tardé à transmettre les requêtes d'assistance judiciaires aux autorités américaines, mais il a catégoriquement refusé de leur transmettre les mandats d'arrêt émis contre vingt-deux citoyens américains.Mais il y a pire : le même ministre de la justice a accusé les magistrats de Milan de s'en prendre aux chasseurs de terroristes, plutôt qu'aux terroristes mêmes. Le gouvernement italien n'a par ailleurs même pas estimé nécessaire de demander des explications aux autorités américaines au sujet de l'opération exécutée par des agents américains sur son propre territoire national, ni de se plaindre du fait que l'enlèvement d'Abou Omar a réduit à néant une importante opération anti-terrorisme qui était en cours de la part de la justice et de la police de Milan.

Compte tenu de l'envergure de l'opération qui a conduit à l'enlèvement d'Abou Omar, il est difficile de croire comme le gouvernement Italien l'affirme que les autorités italiennes, à un échelon ou à un autre, n'aient pas eu connaissance, sinon participé activement, à cette rendition. L'attitude, pour le moins étrange, du ministre de la justice semble d'ailleurs plaider en ce sens. C'est d'ailleurs à cette conclusion que semble arriver la justice italienne, des fonctionnaires italiens ont directement pris part à l'enlèvement d'Abou Omar et que les services de renseignements sont impliqués. la Suisse a adressé des questionnaires aux États-Unis concernant un certain nombre d'avions indiqués comme suspects qui ont atterri à Genève et à Zurich, pendant plusieurs mois, les Etats-Unis n'ont pas répondu aux requêtes d'explications que leur avaient adressées les autorités suisses.

Quelques heures avant l'échéance de l'autorisation annuelle de survol du territoire suisse pour les avions volant pour l'administration américaine, un fonctionnaire américain aurait assuré verbalement à un représentant de l'ambassade suisse à Washington que les États-Unis avaient respecté la souveraineté de la Suisse et n'avaient pas transporté des prisonniers à travers l'espace aérien suisse, reprenant ainsi tout simplement la déclaration faite par Mme Rice à Bruxelles le 5 décembre 2005. Assurance bien tardive et surtout peu crédible, pour autant que l'on veuille considérer les faits établis les autorités judiciaires italiennes ont pu démontrer, grâce à un faisceau d'éléments très convaincants qu'Abou Omar, enlevé à Milan le 17 février 2003 a été transporté le même jour par avion de la base d'Aviano à celle de Ramstein en Allemagne en passant par l'espace aérien suisse, vol par ailleurs confirmé par les contrôleurs suisses du ciel. L'enquête italienne démontre en outre que le chef de l'opération de Milan avait séjourné en Suisse. Le gouvernement suisse a délibérément ignoré ces faits pourtant précis et d'une gravité évidente et s'est contenté de cette réponse, vague et peu formelle, d'un fonctionnaire. Il a assumé une position formaliste en prétendant qu'il ne disposait pas de preuves et qu'en droit international il fallait se fonder sur le principe de la confiance.Manifestement on voulait renouveler l'autorisation de survol, ce qu'on s'est empressé de faire sans poser d'autres questions. cependant le ministère public de la Confédération a ouvert une enquête préliminaire pour établir s'il y a eu, dans le cas Abou Omar, des infractions qui concernent la juridiction suisse. La justice militaire, d'autre part, enquête pour identifier et punir l'auteur ou les auteurs de la fuite qui a permis la publication en janvier du fax égyptien intercepté par les services de renseignements.

Les journalistes, auteurs de la publication, sont également poursuivis, sur la base de normes, dont la compatibilité avec les principes de la liberté de la presse dans un système démocratique paraît plus que douteuse. Une révélation vient alimenter les critiques à l'adresse des autorités, accusées de servilisme envers les États-Unis : selon des nouvelles de presse, fondées sur des sources apparemment bien informés, les autorités suisses auraient délibérément omis d'exécuter un ordre international d'arrêt émis par la justice italienne à la suite de l'enlèvement d'Abou Omar à Milan en février en 2003. Le chef du commando Robert Lady alors responsable de la CIA à Milan avec le titre et le statut de consul américain recherché par la police aurait séjourné à Genève, selon les instructions reçues, la police se serait limitée à une surveillance discrète.Le principe de la confiance a été invoqué par d'autres gouvernements. C'est, par exemple, le cas de l'Irlande, l'administration a fait savoir qu'il n'y avait aucune raison de faire des recherches quant à la présence d'avions américains, vu que des assurances avaient été données par les Etats-Unis. En Allemagne, le gouvernement et les partis gouvernementaux se sont opposés vainementà la création d'une commission parlementaire d'enquête, bien que d'importantes questions se posent sur le rôle des services de renseignements, notamment dans l'affaire de l'enlèvement d'Al Masri.

des gouvernements ont délibérément collaboré à des renditions.C'est particulièrement bien établi dans le cas de la Bosnie qui a remis aux services américains six personnes en dehors de toute procédure, faits par ailleurs établis et dénoncés par des instances juridiques nationales, ce qui mérite sans doute d'être souligné et salué. Certes, l'attitude du gouvernement bosniaque n'a pas été aussi déterminée, et c'est regrettable, mais il ne convient pas d'oublier les grandes pressions subies par cette jeune république par la grande puissance, présente par ailleurs sur son territoire.La Suède aégalement remis deux requérants d'asile à des agents américains pour être livrés aux autoritéségyptiennes, ce qui a été formellement stigmatisé par le Comité contre la torture des Nations unies.Les autorités suédoises, malgré cette condamnation internationale et des sollicitations parlementaires, n'ont toujours pas engagé une véritable enquête sur ces faits.L'attitude de l'administration américaine au sujet des questions que l'on se pose en Europe sur les agissements de la CIA a été, une fois encore, bien illustrée lors de la mission d'information auxÉtats-Unis d'une délégation de la Commission temporaire du parlement Européen, pas ou peu de réponses aux nombreuses questions.Il est évident que si les autorités américaines n'invoqueraient pas systématiquement le secret défense il serait infiniment plus aisé d'établir la vérité. ce secret n'est plus justifié et, en tout cas, que l'établissement de la vérité sur des allégations, nombreuses et en partie déjà largement prouvées, de violations graves des droits de l'homme est, pour une société libre et démocratique, bien plus important.

La lutte contre le terrorisme constitue indiscutablement une priorité pour tout gouvernement et, surtout, pour l'ensemble de la communauté internationale. L'usage de la terreur, autrefois surtout instrument pour combattre un gouvernement, est de plus en plus devenu un moyen pour s'attaquer à un modèle politique et social, voire contre un style de vie, une civilisation représentée par de larges parties de la planète. Ces dernières années, le terrorisme a assumé une claire connotation internationale, tirant avantage, lui aussi, des formidables progrès de la technique en matière d'armements, de télécommunication et de mobilité. Il est dès lors indispensable que la lutte contre le terrorisme soit coordonnée au niveau international. Or, force est de constater que cette coordination présente encore d'importantes lacunes et que l'initiative est trop souvent laissée au bon vouloir, mais aussi à l'arbitraire, des services de renseignements. La connaissance du phénomène, de ses structures, de ses moyens à disposition ainsi que de ses cadres constitue une condition absolument indispensable pour pouvoir faire face avec succès à la menace terroriste. Les services de renseignements jouent ainsi un rôle important, irremplaçable. Leur rôle doit cependant être précisé et délimité dans un cadre institutionnel bien défini et conforme aux principes de la suprématie du droit et de la légitimité démocratique.

Cela implique aussi des mécanismes efficaces de surveillance qui, comme les faits que nous sommes en train d'examiner le démontrent, ont indiqué d'inquiétantes défaillances. Il est notoire que les différents services de renseignements américains et européens ont créé des groupes de travail et procédé à des échanges d'informations. Une initiative qu'on ne peut que saluer. Les événements de ces dernières années démontrent cependant que la coordination au niveau international est encore gravement insuffisante. L'enlèvement de l'imam de Milan est à cet égard emblématique, l'opération par des agents de la CIA a réduit à néant les efforts de la justice et de la police italienne engagées dans une importante enquête anti-terrorisme qui avait pour objet justement la mosquée de Milan.Les réponses données par les gouvernements, surtout leur silence, indiquent bien que le travail des services de renseignements semble s'effectuer de plus en plus en dehors de véritables mécanismes de contrôle. La façon dont les services américains ont pu opérer en Europe, en effectuant des vols en rapport avec le transport de personnes arrêtées illégalement sans aucune vérification, ne peut être que la preuve d'une participation ou d'une complaisance de la part de plusieurs services européens. Ou, alors, d'une incroyable incompétence, une hypothèse franchement à peine envisageable. En fait, tout semble indiquer qu'on a accordé aux services américains une large liberté d'initiative et les laissant agir à leur guise. Et cela même s'il n'était pas possible d'ignorer que leurs méthodes n'étaient pas compatibles ni avec l'ordre juridique national, ni avec les standards européens en matière de respect des droits de l'homme, dans une interview avec la revue allemande DIE ZEIT du 29 décembre 2005, M. Michael Scheuer, ancien chef de l'unité « Ben Laden » de la CIA a fait la déclaration suivante : la CIA a le droit de violer toutes les lois, sauf la loi américaine. Cette passivité de l'Europe des gouvernements et des administrations est déroutante, ce laisser-faire et ce laisser-aller pas dignes.Le Conseil de l'Europe a déjà eu l'occasion de clairement exprimer son inquiétude au sujet de certaines pratiques, notamment dans la lutte contre le terrorisme, telles que l'incarcération indéfinie d'étrangers sans inculpation précise ni accès à un tribunal indépendant, le traitement dégradant au cours des interrogatoires, l'interception des communications privées sans que les intéressés en soient par la suite informés, l'extradition vers des pays susceptibles d'appliquer la peine de mort ou la torture, la détention et les agressions au nom du militantisme politique ou religieux, pratiques qui vontà l'encontre de la Convention européenne des droits de l'Homme et des protocoles y afférents, de la Convention européenne pour la prévention de la torture et des peines ou traitements inhumains ou dégradants, et de la décision cadre du Conseil de l'Union Européenne.

L'Assemblée parlementaire partage sans réserve la détermination des États-Unis à combattre le terrorisme international, de prévenir les actes terroristes, de poursuivre en justice et de condamner les terroristes, et de protéger les vies humaines. Cette détermination doit être également celle de l'Europe tout entière. En 1986 déjà, l'Assemblée a déploré la lenteur que mettent les États européens à réagir multilatéralement à la menace terroriste, et l'absence à ce jour d'un ensemble cohérent et contraignant de mesures coordonnées adoptées d'un commun accord. Malgré les années passées et le développement spectaculaire de la menace, aucun progrès significatif n'a vraiment été enregistré. Jamais comme aujourd'hui il apparaît nécessaire d'étendre cet ensemble cohérent et contraignant à l'Europe mais aussi à d'autres régions du monde, en tout premier lieu aux États-Unis.L'attitude qui consiste tout simplement de laisser faire les États-Unis et de faire semblant d'ignorer ce qui se passe, souvent même sur son propre territoire, est inadmissible. Seule la mise en place d'une stratégie concertée entre tous les pays concernés peut être à même de contrer avec succès les nouvelles menaces, comme le terrorisme et le crime organisé. Si, comme le pensent les États-Unis, les instruments juridiques actuels ne sont plus adéquats pour contrer les nouvelles menaces, il est indispensable de procéder à une analyse commune et d'en débattre ensemble.Il est tout à fait vraisemblable qu'une adaptation des moyens et des structures soit nécessaire pour combattre efficacement le terrorisme international. Telle est notamment l'opinion duGouvernement des États-Unis. Il est évident que les instruments d'enquête policière et les règles de la procédure pénale doivent tenir compte de l'évolution de formes plus graves de la criminalité. Une telle adaptation exige toutefois une concertation multilatérale et présuppose un dialogue, un débat, même une confrontation franche et ouverte, ce qui n'a manifestement pas encore eu lieu. Au contraire, les États de l'Union Européenne viennent de donner un signal particulièrement négatif, cédant à ce qui paraît un réflexe nationaliste, ils ont refusé, à la fin du mois d'avril 2006, une proposition de la Commission allant dans le sens d'une intensification de la collaboration judiciaire et policière dans le cadre de l'accord de Schengen.Un élément crucial du combat contre le terrorisme est certainement la lutte contre l'impunité. Il est regrettable que l'administration américaine se soit systématiquement opposée à la création d'une juridiction universelle, refusant ainsi de ratifier l'accord de Rome sur la création de la Cour PénaleInternationale. La remise de suspects terroristes sans par ailleurs qu'aucune autorité judiciaire en vérifie le bien-fondé des accusations à des États dont on sait, ou doit présumer, que les droits fondamentaux ne seront pas respectés est inacceptable. Se fonder sur le principe de la confiance et sur des garanties diplomatiques données par des États non démocratiques et notoirement non respectueux des droits de l'homme est tout simplement lâche et hypocrite.

La restitution est un instrument fondamental dans la lutte contre le terrorisme international, affirme l'administration américaine dans sa déclaration de Mme Rice le 5 décembre 2005 . la restitution peut être acceptable, voire souhaitable, seulement si certaines conditions très précises sont respectées ce qui, à quelques exceptions près, n'a pas été le cas dans toutes les restitutions connues jusqu'à ce jour.Le haut-commissaire de l'ONU pour les droits de l'homme, Louise Arbour, a publiquement dénoncé la pratique qui consiste à livrer des détenus en marge de la justice à des pays connus pour utiliser la torture, tout en réclamant des assurances que ces prisonniers ne seront pas maltraités. Elle a ajouté que la détention secrète est une forme de torture.

L'abandon ou la relativisation de la dignité et des droits fondamentaux de l'homme n'est en aucun cas envisageable. L'histoire entière démontre comment l'arbitraire, le mépris des valeurs humaines et la torture n'ont jamais été efficaces, n'ont rien résolu et n'ont finalement qu'abouti à une exacerbation ultérieure de la violence et de la brutalité. Ces exactions n'ont finalement servi qu'à conférer un sentiment et une apparence de légitimité à ceux qui combattent les institutions. Céder à cette tentation est, en fait, concéder une première et importante victoire à ceux-là mêmes qui s'en prennent à nos valeurs. En outre, vouloir privilégier le seul aspect sécuritaire, comme cela semble être le cas aujourd'hui avec un bilan plus que douteux, fait le jeu des seigneurs de la terreur. Une stratégie globale contre le terrorisme doit impérativement considérer les volets politiques et sociaux.On doit surtout être conscient de la force des valeurs de la société pour laquelle on s'engage.Comment ne pas penser à Benjamin Franklin, sa pensée paraît plus actuelle que jamais : quiconque renonce à la liberté pour accroître la sécurité sera, au bout du compte, perdant sur les deux tableaux.En mai 2006, les États-Unis ont envoyé une délégation gouvernementale devant le Comité des Nations unies contre la torture, pour la première fois depuis que l'administration Bush est arrivée au pouvoir. La délégation était menée par le conseiller juridique en chef auprès du ministère desAffaires étrangères, M. John Bellinger. qui a présenté un rapport de 184 pages devant le Comité contre la torture, rapport dans lequel les États-Unis avaient compilé leurs réponses écrites exhaustives à la plupart des préoccupations exprimées par le Comité. Il convient de féliciter les États-Unis pour s'être penchés aussi sérieusement sur ces questions, malgré le fait que leur politique en matière de détentions secrètes et d'activités de renseignement demeure, pour l'essentiel, un sujet dont on ne parle pas en public. Au cours d'une réunion qui a duré environ une heure, M.Bellinger et son collègue Dan Fried, secrétaire d'État adjoint aux affaires européennes, nous ont fourni tout un ensemble d'arguments, M. Bellinger a expliqué clairement, à plusieurs reprises, que le programme de restitutions demeure l'un des principaux axes de la politique étrangère des États-Unis, Comme l'a déclaré la secrétaire d'État Condoleezza Rice, nous effectuons des restitutions, nous en avons effectué et nous n'excluons pas d'en effectuer d'autres.Il souhaitait établir clairement une distinction entre la signification originelle de restitution et la connotation prise dans les médias et l'opinion publique par la notion de restitution extraordinaire, il cita, dans la mesure où, par restitution extraordinaire ainsi que cela figure dans certaines définitions on entend le transfert intentionnel d'une personne vers un pays donné, dans lequel on s'attend à ce qu'elle soit maltraitée ou qu'on souhaite qu'elle le soit, alors il va sans dire que les Etats-Unie ne pratiquent pas de restitution extraordinaire. Les États-Unis ne restituent pas des personnes à d'autres pays afin qu'elles soient torturées, ou en s'attendant à ce qu'elles soient torturéesPendant la réunion, Dan Fried a eu l'occasion d'expliquer certaines considérations sous- jacentes pour les États-Unis dans la poursuite de leur guerre contre le terrorisme, il déclara : Nous essayons de faire en sorte que les personnes sur notre territoire soient en sécurité, nous essayons de combattre des organisations terroristes dangereuses et actives, qui ont bien l'intention de nous détruire. Nous essayons de le faire en accord avec nos valeurs et nos obligations juridiques internationales. Dans les faits, cela n'est pas facile, en partie parce que comme nous l'avons découvert dès le départ la lutte que nous menons a des contours mal définis, que ce soit dans le cadre du droit pénal ou dans celui du droit de la guerre.

En ce qui concerne le fait d'entrer dans tel ou tel cadre juridique, il est particulièrement important de noter que les États-Unis ne se considèrent pas obligés de se soumettre à une quelconque interprétation du droit international autre que la leur. Tout au long de la réunion, M.Bellinger a insisté sur cette position : Nous devons respecter nos obligations juridiques. Rien de tout cela ne peut être fait de manière illégale. De notre point de vue, nous respectons toutes nos obligations juridiques.Dans la même veine, dans l'un de ses développements les plus longs, M. Bellinger a défendu les actions des États-Unis, prenant le contre-pied de leurs partenaires européens : Pour répondre à tous ceux qui affirment que, dans certains cas, nous ne respectons pas nos obligations internationales, je dois dire que, parfois, nous sommes en désaccord sur la définition de ces obligations. En ce qui concerne l'article 3 de la convention contre la torture, le différend est d'ordre technique. D'après cet article 3, tout État a l'obligation de ne pas renvoyer, expulser ou refouler une personne. Depuis plus de dix ans, la position du gouvernement américain et de nos juridictions a été que tous ces termes font référence à des retours ou à des transferts depuis les États-Unis.

Nous considérons donc que l'article 3 de la convention contre la torture est juridiquement contraignant pour nous pour tout transfert d'une personne depuis les États-Unis, mais nous ne considérons pas qu'il le soit en dehors du territoire américain.De la même manière, depuis plus de dix ans, le Sénat des États-Unis et nos cours de justice ont interprété l'expression « il y a des motifs sérieux de croire que » comme « il y a plus d'une chance sur deux que ». Si nous transférons une personne d'un lieu en dehors des États-Unis vers un autre lieu en dehors des États-Unis, alors, notre politique est que, si nous pensons qu'il existe des motifs sérieux de croire que la personne sera torturée ou maltraitée, nous appliquons les mêmes règles. Je pense que nos juridictions ont pris une position raisonnable en considérant que « il y a des motifs sérieux de croire que » est l'équivalent de « il y a plus d'une chance sur deux que ».Il me semble utile de rappeler que les interprétations juridiques de la Cour européenne desDroits de l'Homme et de nos cours de justice sont différentes, et que vous ne pouvez pas « attaquer » nos tribunaux et notre Sénat pour des positions qu'ils ont prises il y a dix ans sur leur manière d'interpréter le droit. Vous auriez sans doute souhaité que l'interprétation de laConvention contre la torture qui est celle de la Cour européenne des droits de l'Homme soit la même que la nôtre, mais ce n'est pas le cas. Cependant, nous prenons nos obligations juridiques au sérieux. Il faut reconnaître que le droit est interprété différemment, ce qui n'empêche pas les États-Unis de prendre leurs obligations juridiques au sérieux c'est indéniable. Cette interprétation explique aussi pourquoi le camp Delta se trouve à Guantanamo Bay, à Cuba, et non dans le désert de l'Arizona. Cette approche formaliste ou positiviste, choque la sensibilité juridique européenne influencée plutôt par des considérations téléologiques, visant donc à optimiser la protection des valeurs qui sont à la base de la norme juridique à interpréter.

M. Bellinger s'est montré réticent à aborder les problèmes juridiques liés aux cas de restitution qui auraient eu lieu, Il a mentionné la stratégie que le gouvernement américain a décidé d'adopter et qui consiste à ne pas commenter ce sujet :Nous avons beaucoup réfléchi pour savoir si nous devions répondre aux questions particulières en public et dire qu'il y a eu une, deux ou trois restitutions et quel a été leur itinéraire.Cependant, nous en sommes arrivés à la conclusion que, de par la nature même des activités de renseignement, nous ne pouvons simplement pas apporter de confirmation ou d'infirmation aux questions particulières, même si nous aimerions pouvoir le faire. Je ne vais donc ni confirmer ni infirmer le fait qu'il y ait eu ou non des restitutions qui sont passées par l'Europe.Cependant, le gouvernement des États-Unis est toujours disposé à expliquer les « choix difficiles » qu'il pense devoir assumer afin de protéger ses citoyens232. Pour illustrer ce point, M.Bellinger a décrit un possible « dilemme politique » basé sur un scénario réaliste. Dans celui-ci, un membre d'Al-Qaida serait capturé à la frontière kényane alors qu'il essaie de pénétrer au Kenya, mais les Kényans ne veulent pas de lui.

On sait que cette personne est recherchée par d'autres pays, par exemple l'Égypte, lePakistan ou la Jordanie et les États-Unis disposent d'un aéronef qu'ils pourraient utiliser pour le restituer à l'un de ces pays. M. Bellinger a terminé son allocution en donnant des pistes de réflexion sur les choix découlant de ce scénario : S'il s'agit de choisir entre laisser libre une personne suspectée de participer à une entreprise terroriste et la renvoyer dans son pays d'origine, ou vers un pays tiers dans lequel elle est recherchée, alors c'est à vous de prendre la décision, parce qu'il n'existe aucun traité d'extradition et vous ne souhaitez certainement pas que nous envoyions davantage de personnes à Guantanamo. S'il s'agit de savoir si la personne va pouvoir disparaître et rester libre, ou si son pays d'origine ou un autre pays la réclame, et que les États-Unis peuvent accéder à leurs demandes, que devrions-nous faire ? Voilà les données du problème. La position desÉtats-Unis est que, dans certains cas, la restitution peut être une solution. »La Commission européenne pour la démocratie par le droit, Commission de Venise, affirme la responsabilité des États membres duConseil de l'Europe de veiller à ce que toutes les personnes qui relèvent de leur juridiction bénéficient des droits fondamentaux convenus internationalement dont le droit à la sécurité de la personne, l'interdiction de la torture et le droit à la vie, et ceci même dans des cas de personnes se trouvant dans un avion en simple survol du territoire national. La Commission de Venise constate également que les obligations découlant des nombreux traités bilatéraux et multilatéraux dans différents domaines tels que l'autodéfense collective, l'aviation civile internationale et les bases militaires n'empêchent pas les États de remplir celles concernant les droits de l'homme.La Commission des affaires juridiques et des droits de l'homme a demandé un avis à la Commission de Venise en décembre 2005 sur les Obligations Légales Internationales des États Membres du Conseil de l'Europe concernant les Lieux de Détention secrets et le Transport Interétatique de Prisonniers, en réponse aux questions précises posées par la Commission des affaires juridiques et des droits de l'homme, la Commission de Venise a tiré les conclusions suivantes :

En ce qui concerne les arrestations et la détention secrète,

Toute forme d'implication d'un État membre du Conseil de l'Europe ou de réception d'information avant une arrestation effectuée par des agents étrangers à l'intérieur de sa juridiction entraîne la responsabilité de cet État aux termes des articles 1 et 5 de laConvention européenne sur les droits de l'homme (voire l'article 3 concernant les modalités de l'arrestation). Un État doit donc empêcher le déroulement de l'arrestation. Si l'arrestation est effectuée par des autorités étrangères dans l'exercice de leur compétence aux termes d'uneConvention sur le statut des forces (SOFA), l'État membre du Conseil de l'Europe concerné peut-être tenu pour responsable aux termes de la convention européenne sur les droits de l'homme, car il est obligé de donner la priorité à ses obligations de jus cogens, telles qu'elles découlent de l'article 3.

Un État membre du Conseil de l'Europe qui coopère de manière active et passive pour imposer et exécuter des détentions secrètes engage sa responsabilité en vertu de laConvention européenne des droits de l'Homme. Bien qu'une telle responsabilité ne s'applique pas lorsque la détention est exécutée par les autorités étrangères sans que l'État territorial n'en soit informé, l'État territorial doit prendre des mesures effectives contre le risque de disparition et doit mener une enquête rapide et efficace dès lors qu'il dispose d'éléments de preuve étayant l'allégation qu'une personne se trouve en détention secrète.

La responsabilité d'un État membre du Conseil de l'Europe est aussi engagée dans le cas où ses agents (police, forces de sécurité, etc.), agissant ultra vires, coopèrent avec les autorités étrangères ou n'empêchent pas une arrestation ou une détention secrète qui n'a pas été portée à la connaissance du gouvernement. Le statut du Conseil de l'Europe et la Convention européenne des droits de l'Homme exigent le respect de l'état de droit, lequel, à son tour, exige la transparence de toutes les formes d'exercice de la puissance publique. Quelle que soit la manière dont un État choisit de réglementer le contrôle politique sur les agences de sécurité et de renseignement, des mécanismes efficaces de contrôle et de supervision doivent exister.

Si un État est informé ou soupçonne de manière légitime que des prisonniers sont détenus incomunicado dans des bases militaires étrangères sur son territoire, sa responsabilité en vertu de la CEDH est engagée, sauf s'il prend toutes les mesures en son pouvoir pour mettre un terme à cette situation irrégulière.

Les États membres du Conseil de l'Europe qui ont ratifié la Convention européenne pour la prévention de la torture doivent informer le Comité européen pour la prévention de la torture de la présence de tout lieu de détention sur leur territoire afin de lui donner accès à ces lieux.Dans le cas où le droit humanitaire international trouve à s'appliquer, les États doivent accorder au Comité international de la Croix-Rouge la permission de visiter ces lieux de détention.

En ce qui concerne le transfert de prisonniers entre États,

Il n'existe que quatre manières légales de transférer un prisonnier à des autorités étrangères :la déportation, l'extradition, le transit et les transferts de personnes condamnées aux fins d'exécution de leur peine dans d'autres pays. Les procédures d'extradition et de déportation doivent être définies par le droit applicable, et les prisonniers doivent obtenir les garanties juridiques appropriées ainsi qu'un accès aux autorités compétentes. L'interdiction d'extrader ou d'expulser dans un pays où il existe un risque de torture ou de mauvais traitements doit être respectée.

Les assurances diplomatiques doivent être juridiquement contraignantes pour l'État qui les fournit et leur formulation doit être sans équivoque. Lorsqu'il existe des éléments de preuveétayés selon lequel un pays pratique ou tolère la torture à l'encontre de certaines catégories de prisonniers, les États membres du Conseil de l'Europe doivent refuser les assurances dans les cas de demandes d'extradition de prisonniers appartenant à ces catégories.

L'interdiction de transférer dans un pays où il existe un risque de torture ou de mauvais traitements s'applique également au transit de prisonniers à travers le territoire des États membres du Conseil de l'Europe. Ces derniers doivent donc refuser toute autorisation de transit de prisonniers dans des circonstances présentant un tel risque.En ce qui concerne le survol

Si un État membre du Conseil de l'Europe a des raisons sérieuses de croire qu'un aéronef traversant son espace aérien transporte des prisonniers en vue de les transférer vers des pays où ils pourraient subir des mauvais traitements en violation de l'article 3 de la convention européenne des droits de l'homme, cet État doit prendre toutes les mesures nécessaires pour empêcher que ceci ait lieu.

Si l'aéronef d'État en question s'est présenté comme un avion civil, sans avoir dûment demandé d'autorisation préalable conformément à l'article 3 c de la convention de Chicago, l'État territorial doit exiger l'atterrissage et doit l'inspecter. En outre, il doit protester par les voies diplomatiques appropriées.

Si un aéronef s'est présenté comme un aéronef d'État et a obtenu une autorisation de survol sans toutefois dévoiler la nature de sa mission, l'État territorial ne peut pas l'inspecter, sauf accord du capitaine. Cependant, l'État territorial peut refuser d'autres autorisations de survol à l'État pavillon ou imposer une obligation de se soumettre aux inspections. Si l'autorisation de survol découle d'un traité bilatéral ou d'une Convention sur le statut des forces ou d'un accord relatif aux bases militaires, les termes d'un tel traité doivent être remis en cause si, et dans la mesure où, ils ne permettent pas de prendre des mesures de contrôle visant à assurer le respect des droits de l'homme.

Lors de l'octroi d'autorisations de survol aux aéronefs d'État étrangers, les États membres duConseil de l'Europe doivent assurer le respect de leurs obligations en matière de droits de l'homme. Cela signifie qu'ils pourraient être amenés à insérer de nouvelles clauses, y compris l'inspection, conditionnant les autorisations de survol par voie diplomatique en faveur des avions d'État transportant des prisonniers. Lorsqu'il y existe des raisons plausibles de soupçonner que, dans certaines catégories de cas, les droits humains de certains passagers risquent d'être violés, les États doivent en effet conditionner les autorisations de survol au respect de clauses « droits de l'homme » explicites. La conformité avec les procédures d'autorisation de survol doit être strictement surveillée ; les demandes d'autorisation de survol doivent fournir des informations suffisantes pour que la surveillance puisse être efficace, par exemple, l'identité et le statut [passager volontaire ou involontaire] de toutes les personnes à bord et la destination du vol, ainsi que la destination finale de chaque passager. En cas de nécessité, le droit d'inspecter des avions civils doit être exercé.

En vue d'éviter la répétition d'abus, toute violation des principes de l'aviation civile en rapport avec le transport irrégulier de prisonniers doit être dénoncée et portée à l'attention des autorités compétentes, et, en fin de compte, du public. Les États membres du Conseil de l'Europe pourraient porter d'éventuels manquements à la Convention de Chicago devant leConseil de l'Organisation de l'Aviation Civile Internationale, conformément à l'article 54 de la Convention de Chicago.

En ce qui concerne les obligations qui incombent aux États membres du Conseil de l'Europe en vertu de traités, la Commission considère qu'ils ne sont pas tenus d'autoriser les transferts irréguliers de prisonniers ou d'accorder des autorisations de survol inconditionnelles aux fins de lutter contre le terrorisme. La Commission rappelle que si la violation d'une obligation assumée en vertu d'un traité est déterminée par le besoin d'être conforme à une norme impérative (jus cogens), elle ne donne pas lieu à un fait internationalement illicite et l'interdiction de la torture est une norme impérative. Selon la Commission, les États doivent donc interpréter et exécuter les obligations qui découlent des traités, y compris celles qui résultent du traité de l'OTAN, des accords relatifs aux bases militaires, des conventions SOFA, d'une manière compatible avec leurs obligations dans le domaine des droits de l'homme.

Le secrétaire Général du Conseil de l'Europe a fait usage de manière aussi rapide et complète que possible du pouvoir d'enquête dont il dispose en vertu de l'article 52 de la CEDH. Dans son rapport daté du 28 février 2006, le secrétaire Général prend position de manière claire quant aux responsabilités des États membres du Conseil de l'Europe, il cita :Les activités d'agences étrangères ne peuvent être imputées directement aux États parties. La responsabilité de ces États peut néanmoins être engagée du fait de leur devoir de s'abstenir d'offrir une aide ou une assistance dans la commission d'un fait illicite, d'approuver cet acte formellement ou tacitement ou, de façon plus générale, des obligations positives qui leur incombent en vertu de laConvention5. Conformément aux règles généralement reconnues sur la responsabilité des États, ceux-ci peuvent être tenus responsables d'avoir aidé ou d'assisté un autre État dans la commission d'un fait internationalement illicite6. Il ne fait guère de doute que l'aide et l'assistance offertes par des agents d'un État partie à ceux d'un autre État pour commettre des violations des droits de l'homme dans le cadre de la juridiction de l'État partie constitueraient une violation de la Convention. Même l'approbation formelle ou tacite des autorités face aux actes d'agents étrangers portant atteinte aux droits de la Convention pourrait engager la responsabilité de l'État partie en application de laConvention. Il va sans dire que la responsabilité indirecte suppose que les autorités des États parties aient eu connaissance de ces activités. Pour ce qui est du résultat de la demande d'information du secrétaire Général, le rapport du 28 février conclut à titre préliminaire que toutes les formes de privation de liberté sortant du cadre légal ordinaire doivent être définies comme des infractions pénales dans tous les États parties et qu'il y a lieu de les réprimer effectivement. Sont à définir comme telles le fait d'aider ou d'assister les auteurs de ces actes illégaux ainsi que le fait de ne pas signaler de tels actes alors que l'on en a connaissance, et de fortes sanctions pénales devraient être prévues pour les agents de renseignements et les autres agents publics impliqués dans de telles affaires. Toutefois, les difficultés et lacunes les plus importantes ressortant des réponses tiennent à la capacité qu'ont les autorités compétentes de détecter ce genre d'activités illégales et d'y réagir résolument. Quatre principaux domaines dans lesquels des mesures supplémentaires devraient être prises aux niveaux national, européen et international sont identifiés : la réglementation des activités des services secrets semble insuffisante dans de nombreux États; des contrôles plus efficaces s'imposent, notamment en ce qui concerne les activités des services secrets étrangers opérant sur le territoire de ces États, la réglementation internationale des transports aériens n'offre actuellement pas assez de garanties contre les abus ; il faut que les États aient la possibilité de vérifier si les appareils en transit sur leur territoire ne servent pas à des fins illégales ; cependant, même dans le cadre juridique actuel, les États devraient se doter d'outils de contrôle plus performants, les règles internationales relatives à l'immunité des États empêchent bien souvent un État de poursuivre effectivement les agents étrangers qui commettent des délits sur son territoire ; en cas de violation grave des droits de l'homme, l'immunité ne doit pas être synonyme d'impunité. Il faut donc entreprendre de définir clairement, aux niveaux européen et international, des exceptions aux règles traditionnelles en matière d'immunité, il ne suffit pas que les États donnent l'assurance que leurs agents à l'étranger se conforment au droit international et national ; encore faut-il intégrer, à cet égard, des garanties formelles et des mécanismes d'exécution dans les accords internationaux et les législations nationales pour protéger les droits couverts par la CEDH.

Les droits de l'homme sont les droits inaliénables de tous les êtres humains, quels que soient leur nationalité, lieu de résidence, sexe, origine ethnique ou nationale, couleur, religion, langue ou toute autre condition. Nous avons tous le droit d'exercer nos droits de l'homme sans discrimination et sur un pied d'égalité. Ces droits sont intimement liés, interdépendants et indivisibles.

Les droits de l'homme universels sont souvent reflétés dans et garantis par la loi, sous forme de traités, de droit coutumier international, de principes généraux et autres sources de droit international. La législation internationale sur les droits de l'homme stipule que les gouvernements sont tenus d'agir d'une certaine manière ou de renoncer à certains actes afin de promouvoir et protéger les droits et les libertés fondamentales de certaines personnes ou groupes.

Le principe de l'universalité des droits de l'homme est la pierre angulaire de la législation internationale des droits de l'homme. Le principe, proclamé pour la première fois dans la Déclaration universelle des droits de l'homme en 1948, a été réitéré dans de nombreuses conventions, déclarations et résolutions. La Conférence mondiale de Vienne sur les droits de l'homme de 1993 a noté, par exemple, que les Etats ont pour devoir de promouvoir et protéger tous les droits de l'homme et toutes les libertés fondamentales, quel que soit le système politique, économique ou culturel.

Tous les droits de l'homme sont indivisibles, qu'ils soient civils ou politiques, notamment le droit à la vie, l'égalité devant la loi et la liberté d'expression ; les droits économiques, sociaux et culturels, comme le droit au travail, à la sécurité sociale et à l'éducation ; ou les droits collectifs, comme le droit au développement et à l'autodétermination, sont indivisibles, liés et interdépendants. L'amélioration d'un droit facilite le progrès des autres. De la même manière, la privation d'un droit a un effet négatif sur les autres.

Les droits de l'homme impliquent à la fois des droits et des obligations. Le droit international impose aux Etats l'obligation et le devoir de respecter, protéger et instaurer les droits de l'homme. Respecter les droits de l'homme signifie que les Etats évitent d'intervenir ou d'entraver l'exercice des droits de l'homme. Protéger signifie que les Etats doivent protéger les individus et les groupes contre les violations des droits de l'homme. Instaurer signifie que les Etats doivent prendre des mesures positives pour faciliter l'exercice des droits fondamentaux de l'homme. Au niveau individuel, nous avons certes le droit d'exercer nos droits de l'homme, mais nous devons aussi respecter les droits des autres.

chers lecteurs, si vous avez apprécié la lecture de ce livret, merci de laisser un commentaire sur la page Amazone et d'en parler autour de vous, cela nous sera d'une aide précieuse pour continuer à faire des recherches et de partager avec le grand public tant d'événements et de secrets qui nous reviennent de droit de connaitre. Merci pour votre attention.